经济管理学术文库 • 管理类

利库德集团与以美关系

Likud and the Israeli-U.S. Relations

刘允中 / 著

经济管理出版社
ECONOMY & MANAGEMENT PUBLISHING HOUSE

图书在版编目（CIP）数据

利库德集团与以美关系/刘允中著. —北京：经济管理出版社，2016.5
ISBN 978-7-5096-4336-5

Ⅰ. ①利… Ⅱ. ①刘… Ⅲ. ①国际关系—研究—美国、以色列 Ⅳ. ①D871.22 ②D838.22

中国版本图书馆 CIP 数据核字（2016）第 069802 号

组稿编辑：杨国强
责任编辑：杨国强 张瑞军
责任印制：黄章平
责任校对：超 凡

出版发行：经济管理出版社
（北京市海淀区北蜂窝 8 号中雅大厦 A 座 11 层 100038）
网 址：www. E-mp. com. cn
电 话：（010）51915602
印 刷：北京九州迅驰传媒文化有限公司
经 销：新华书店
开 本：720mm×1000mm/16
印 张：15
字 数：201 千字
版 次：2016 年 6 月第 1 版 2016 年 6 月第 1 次印刷
书 号：ISBN 978-7-5096-4336-5
定 价：48.00 元

前　言

中东向来是政治、安全环境极为复杂的地区，因此成为国际政治学学者研究的焦点之一。自第二次世界大战起，美国在以色列的生存发展中扮演着独一无二的角色，对中东事务也产生了重大的影响。同时，利库德集团作为以色列重要的政治力量之一，多次执政以色列并直接左右着以美关系的发展和变化。

一直以来，中西方学者对以美关系的发展和变化有着各自的论述及研究，但其中大多数都是从美国中东战略与中东和平进程的视角出发，显然对现有以美关系中存在的重要内容缺乏足够的解释力。因此，本文在整理总结现有成果的基础上，将利库德集团作为切入点研究以美关系，对相关研究的薄弱环节进行补充，这是本书最大的创新点和成果。

本书以马克思辩证唯物主义和历史唯物主义的世界观和方法论为根本指导，借助政治学及国际政治学的相关理论对具体史实进行分析，研究利库德集团与以美关系发展变化之间存在的内在联系和相互作用。书中历史资料涉及多个层面，研究问题从微观和宏观两个角度切入，主要的研究方法为地缘政治分析法、历史分析法和比较分析法。具体研究方法及其相关内容如下：

（1）以地缘政治分析方法探讨利库德集团或其领导人执政时期以美地缘战略目标的确立，从地缘政治的角度分析以美之间的互动贯穿全书。

（2）以历史分析法和对比分析法研究利库德集团执政思想及组织形成的历史渊源，从利库德集团的视角出发将以美关系的历史阶段再次划分。对比分析了利库德集团及其领导人执政对以美关系所产生的不同影响，论述了两者之间的客观联系，进一步分析了两者相互作用的深层因素。

（3）通过政治学的相关理论理解利库德集团在其主流意识形态影响下所产生的主要政策及其特性；以国际政治学现实主义理论为主要逻辑，结合地区和全球局势的演变，详细分析了历史上以美间基于其利益所作出的对外决策及其影响；借助国际政治学建构主义理论和英国学派的相关逻辑推理利库德集团对外部力量的认知和对安全的追求。

本书认为，利库德集团受“修正主义者犹太复国主义”的影响而确立了政治目标，在其执政时期会产生相应的外交实践，导致以美双边关系的发展变化。主要表现是各个利库德集团政府的对外决策与美国中东、全球战略或是趋于一致，或是存在分歧，因此以美关系呈现出相对紧密或疏离的状态。

本书共分七章：

第一章　绪论。首先提出了选题的由来与意义，认为这一选题不仅能够补充现有研究成果的薄弱环节，还具有重要的现实意义。绪论中对相关国内外文献进行了分类和总结，详细说明了本书的研究方法和结构，提出了本书的创新点和写作难点。

第二章　利库德集团意识形态溯源与组织形成。本章详细分析了利库德集团与修正主义思想之间的历史联系。

第三章　首次执政的利库德集团与以美关系。本章分析了贝京政府的对外政策及其对以美关系的影响。总体地看，以美关系在这个时期延续了之前的良好态势，并有了相当大的发展。

第四章　沙米尔与以美关系的发展。本章着重强调在美苏冷战态势发生转变的情况下，沙米尔与里根共同执政时期以美关系在双方一致的战略需求下出现的战略合作高峰。

第五章　以美关系的再调整。本章从20世纪90年代的国际局势出发，重点论述以美关系在沙米尔执政后期和内塔尼亚胡执政时期出现的大幅度波动，并逐渐遇冷。

第六章　21世纪的利库德集团与以美关系。本章详细分析了沙龙时期利库德集团的分裂和以美关系的紧密发展。重点强调内塔尼亚胡再次上台后对巴以和平的消极态度和对伊朗核危机的强硬政策导致以美关系在现阶段跌至低点。

第七章　结论。本书认为利库德集团的主要政策具有思想继承性和稳定性，并且这些政策在安全环境恶化的状况下更有利于其掌握和巩固执政地位。同时还认为，利库德集团政府往往使巴以和平难以推进，未来的以美关系也不容乐观。

目　录

第一章　绪　论

一、选题的由来与意义

本书选题过程大致经历了三个阶段后，逐渐在模糊的范围里找到了特定的研究对象。确立选题后，笔者对相关资料进行了分析和整理，认为该选题具有重要的实践和学术意义。

（一）有助于开掘以美关系研究的新视角

2010年底开始爆发的“阿拉伯之春”运动先后波及中东多国，有数个政府被相继推翻。中东政局进入了又一个分化重组的新阶段，其影响之深远，引起了人们的高度关注。受此事件的吸引，笔者最初将中东问题纳入了选题范围。在查阅有关中东热点问题研究资料和准备开题报告的过程中，笔者感觉美以关系对中东局势具有重要影响，便将选题放在了美以关系方面。但由于目前中外学术界对美以关系的研究成果较多，且大多是从美国的视角观察美以关系，尤其是中国学术界相对更加关注美国研究，因此，在做开题报告时，有评委建议笔者能否反过来从以色列的视角观察以美关系。笔者经过思考和进一步查阅材料发现，在20世纪70年代以后的几十年里，以色列重要的政治力量利库德集团对以美关系的影响极其突出。笔者最终决定采纳这一建议，将“利库德集团与以美关系”作为本书选题。尽管这一选题的确立和实施具有相当的挑战性，因为现有可供参考的研究成果较少，但正因为如此，如若完成这项选题则能在一定程度上弥补相关国内学术研究的薄弱之处。除此之外，本书选题还受到了内塔尼亚胡访华事件的影响。2013 年，在美国加速推进“再平衡”战略的重要时期，以色列总理内塔尼亚胡来华访问，受到国际媒体争相报道。尤其是内塔尼亚胡在访问中明确表达同中国进行技术合作与共享的愿望，而众所周知，美国向来阻挠以色列技术产品的对华出口。这一事件进一步吸引笔者研究以美关系。

（二）有助于深入了解以美关系本身的特殊性

在国家间双边关系的研究中，以美关系的特殊性得到了国内外学术界的普遍认可。具体来看，其特殊性主要有以下几点：

（1）以美双方具有特殊的认知，这在其他双边关系中较为罕见，几乎每一任以色列领导人和美国总统都通过不同的方式表达对对方的认同与支持。类似的宗教和文化价值观念使得以美彼此自建交以来就一直宣称要致力于推进双方关系的发展。

（2）以美关系的形成与发展建立在特殊的战略利益之上。虽然以美双方彼此有着宗教和制度上的认同感，但这并非以美关系能够迅速确立并进一步深化的决定因素，而是特定的国际环境尤其是现实政治使然。如果没有第二次世界大战后国际政治力量的巨大变化，美国最初很可能没有意图染指中东，以美关系也很难拉开序幕。此后国际政治力量的消长，又一次次将以美关系推向新的阶段。作为美国在中东的战略支点和西方民主的展示窗，美国必然坚定支持以色列。而为了在中东阿拉伯国家的汪洋大海中维持生存与安全，以色列没有美国的支持或许很难。

（3）以美关系具有特殊内容。在以美关系中，经济、军事援助占据着非常突出的位置。其中，美对以军援不仅是以美关系的重要组成部分，也是两国关系中最具争议的部分。以色列是美国对外军事援助的第一大国，美国对以军援从数量和质量上都远超美国任何一个所谓的亲密盟国。从以色列的角度看，利库德政府的强硬外交更加需要依靠美国给予的军事支持。

（4）冷战后以美矛盾的特殊性。在冷战时期，出于共同遏制苏联的需要，以美双方尽管也有矛盾和摩擦，但还是保持了较为密切的战略合作。但是冷战后，以美矛盾开始凸显。尤其在利库德集团执政时期，以美间频繁因巴以冲突等问题产生龃龉，以美关系滑落。这是因为此时双方共同遏制苏联的战略目标已经消失，对美而言，以色列的战略地位已经相对下降。但是，双方对彼此的战略需要仍然存在，以美特殊关系尚未发生根本转变。

（三）有助于较为全面地了解以美关系的发展脉络

客观而言，美国与以色列国力悬殊，双方对外战略目标与布局无法相提并论，因此人们更多关注美国对美以关系的影响是合乎逻辑的。即使如此，我们仍然不能忽视以色列方面对以美关系的塑造和影响，这样才能较为全面地观察美以关系。实际上，在 20 世纪 70 年代后期初次上台后的将近 40 年中，以色列重要的政治力量利库德集团对以美关系的影响极其突出。相对其他政治力量而言，利库德集团具有特色鲜明的执政方针，且目前以色列也是由利库德集团领导人内塔尼亚胡执政。1977 年，利库德集团打破了以色列的“工党时代”上台执政，开始宣扬“修正主义”的意识形态，并推行强硬的对外政策。概括来看，利库德集团的执政方针主要是：①消极对待巴以、阿以和平；②坚持“大以色列”信仰，扩建犹太人定居点，在被占领土问题上难以妥协；③主动、坚决打击敌对力量，维护以色列绝对的安全。在冷战的大背景下，利库德集团由于其消极的和谈政策和对阿态度，往往使美国与阿拉伯国家之间产生矛盾，妨碍了美国遏制苏联势力的中东战略。虽然美国一度批判利库德集团政府的主要政策，但由于以色列特有的战略意义，以美矛盾始终没有上升至主要层面。尤其是在沙米尔与里根执政时期，以美战略合作有了空前的发展：美对以援助大幅提升，以色列正式成为美国非北约国家的主要同盟国，以美关系进入了所谓的“黄金时期”。但在苏联解体后中东秩序的重建过程中，利库德集团因其强硬的执政方针开始妨碍以美关系的密切发展。冷战结束后，美国急需的是一个在其掌控下的、稳定的中东地区，而此时利库德集团的对外政策与其中东政策针锋相对，使美国的国家利益和战略诉求受到明显挑战，以致以美关系出现明显下滑。时至今日，中东乱局中的内塔尼亚胡政府与奥巴马政府在和平进程以及伊朗核问题上出现巨大分歧，以美间呈现矛盾大于合作的态势，且有进一步发展的可能，以美关系再次走到了国际政治舞台的聚光灯下。

（四）有助于深入了解以美关系对中东地区局势的影响

观察中东地区，人们可以发现这里自第二次世界大战结束以来就从未真正稳定过，地区冲突和战争频发，其主要原因之一显然是由于以色列作为一个国家实体的出现和存在。数次中东战争过后，以色列越发强大，而阿拉伯国家却未能完全收复“失地”，反而出现了内部的分裂。究其原因，无疑是特殊的以美关系改变了以色列和阿拉伯国家的力量均衡态势，导致中东局势在动荡中前行。以美关系对中东局势的影响主要表现在：

（1）美国往往借助以美关系调节其对中东事务的参与程度，进而在中东政治格局的演变过程中扮演重要的角色。例如美国最初借助巴以问题加深了在中东地区的影响力，最终使中东成为冷战的前沿阵地。随后美国又借助以美关系对以色列施压促使其在阿以冲突中尽量克制，中东局势往往在此期间能够相对回稳。

（2）以美关系确保了以色列的生存和发展，但同时也激化了阿以矛盾和地区反美、反以情绪。从历史演变进程看，以美关系较为紧密

时期，美国对以表现出明显的偏袒，阿以冲突往往相对加剧；以美关系出现分歧的时期，往往处于美国施压以色列并全力推进中东和平的阶段，地区局势反而相对回稳。

(3) 以美关系也衍生出了一系列新问题，例如恐怖主义蔓延、大规模杀伤性武器扩散和宗教极端活动等，这些无疑与美国对以色列的偏袒和支持具有直接或间接的联系。因此，研究利库德集团与以美关系对深入了解和把握中东局势的目前状况及未来走向具有重要的现实意义。

(五) 理论意义与学术价值

本书的理论意义体现在两个方面:

第一，本书在分析利库德集团与以美关系的过程中体现了马克思主义辩证唯物主义和历史唯物主义的理论指导意义。本书的分析过程本质上是在强调事物间的普遍联系和相互作用，考虑与其相联系的各个部分和要素。

第二，在借鉴相关西方国际政治学理论分析问题的过程中，本书在一定程度上融合了各理论的主要概念，尝试在理论之间寻找关联性。例如，将政党的“意识形态”与国家对外决策相结合，将“认知”同现实主义理论中的“国家安全”和“利益”概念相结合，将英国学派的“主观均势”同国家战略相结合，本书最后依据历史现实做出了相应的论证和推演。

在结合理论与现实的分析过程中，笔者将利库德集团的部分重大决策归结为对“主观性均势”的追求，在结论中论述了这一概念的由来并做出了相应的推演，这是现有以美关系研究中未能充分展现的部分。在本书的分析过程中，笔者还强调了三种理论对利库德集团执政决策的合理解释，倾向于寻求更多的论证逻辑解释现实政治，为以美关系的进一步研究做初步的尝试，具有一定的学术价值。

二、国内外研究现状

中东一直是国际关系研究重点关注的地区之一，因此学术界有关中东问题的研究成果相当丰富，针对以色列和美以关系的研究成果也层出不穷。笔者通过对现有的成果进行整理，将与本书选题相关的文献材料大体分为以下几类。

（一）关于犹太复国主义思想和修正主义思想的研究

这一类文献主要论述了犹太复国主义思想的萌发背景和发展历史，本书中主要选取了详细分析修正主义与犹太复国主义之间历史和关系的内容，这一部分与利库德集团的意识形态和发展历程有着紧密的关系。

Y. Shavit 在《雅博廷斯基与修正主义运动：1925–1948》（Jabotinsky and the Revisionist Movement，1925–1948）中，详细论述了雅博廷斯基与修正主义运动的发展历程。[①] 1925 年之前，修正主义并不为犹太复国主义者所重视，更没有人会想到雅博廷斯基日后对于犹太复国主义运动的重要作用。然而随着英国在犹太国建立过程中的态度变化，修正主义者开始寻求新的方式建立国家，修正主义运动兴起，雅博廷斯基就是修正主义运动的最主要代表。在修正主义运动内部一直存在许多不同意见，但所谓的分歧也只是右倾思想中保守与激进势力之争。就修正主义本身而言，整体还是遵循军事斗争和建立完整犹太国的传统思想。在修正主义运动和思想的发展下，最终形成了赫鲁特党和我们当今所见到的利库德集团。本书最大的启示是，如果不能分析出修正主义思想的发展逻辑，就不可能理解利库德集团执政思想与组织建立的根源所在。

① Y. Shavit. Jabotinsky and the Revisionist Movement，1925–1948 [M]. London：Frank Cass，1988.

沃尔特·拉克尔所著《犹太复国主义史》一书是目前对犹太复国主义思想与运动的最全面论述。[①] 书中第一部分从早期的犹太人历史出发，介绍了犹太复国主义思想的奠基者，论述了犹太复国主义思想和运动的形成与发展。第二部分从阿犹矛盾入手，描述了犹太复国主义运动在实现政治目标过程中遇到的现实阻碍，分析了雅博廷斯基与修正主义运动的整体过程。第三部分则讲述了犹太人为了建国自第一次世界大战开始在政治和外交上所做的努力。本书将犹太复国主义思想的脉络完整地呈现了出来，其中在修正主义的部分也为我们提供了理解它的整体和历史视角，是有关利库德集团执政思想的详细论述。

Alan R. Tayler 在《犹太复国主义与犹太人历史》（Zionism and Jewish History）一文中，从犹太复国主义产生的历史根源出发，叙述了犹太复国主义产生和壮大的缘由和条件，进而又在中东历史中分析了犹太人的政治目标、客观条件以及犹太复国主义所发生的内部变化。[②] 与此类似的中文文献有：王铁铮的《从犹太复国主义到后犹太复国主义》、《犹太复国主义与以阿关系》，赵云霞的《犹太复国主义运动产生前的犹太民族问题》，秦人文的《犹太教、犹太复国主义与以色列现代化》等。

此类主要文献还有：Jan Zouplna，“Revisionist Zionism：Image，Reality and the Quest for Historical Narrative”；Mark Tessler，“The Political Right in Israel：Its Origins，Growth，and Prospects”；Shlomo Avineri，“The Roots of Zionism”；Zeev Tzahor，“The Struggle between the Revisionist Party and the Labor Movement：1929 –1933”；Walter Laqueur，“Zionism and its Liberal Critics，1896–1948”；等等。

（二）关于利库德集团与以色列史的研究

Colin Shindler 所著《应许之地：以色列、利库德与犹太复国主义者

① 沃尔特·拉克尔. 犹太复国主义史［M］. 上海：三联书店上海分店，1992.

② Alan R. Tayler. Zionism and Jewish History［J］. Journal of Palestine Studies，1972，1（2）：35–51.

之梦》（The Land Beyond Promise：Israel，Likud and the Zionist Dream），对《以色列、利库德和犹太复国主义者之梦：从贝京到内塔尼亚胡的权力、政治与意识形态》（Israel，Likud and the Zionist Dream：Power，Politics and Ideology from Begin to Netanyahu）一书进一步做了完善和补充。[①] 作者在书中将修正主义思想、运动和组织作为重点，概述了利库德集团意识形态的发展历史。在历史层面，作者从贝京开始详细叙述利库德集团执政过程中的国内外变化，到沙龙时期为止。全书将利库德集团执政的背景、特点、特殊性事件等都做了深入的分析。

Howard M. Sachar 所著《以色列史：从犹太复国主义的诞生到我们的时代》（A History of Israel：From The Rise of Zionism to Our Time），是以色列史文献中比较权威和全面的一部专著。[②] 作者从犹太复国主义思想的萌芽开始撰写，直至 21 世纪初的以色列。全书包括了以下几个重要部分：①犹太民族主义的回归；②犹太复国主义运动的兴起；③巴勒斯坦犹太人的生产活动；④大国介入下以色列的建国；⑤阿以冲突的凸显；⑥中东战争史；⑦中东和谈。在这几个主要内容中，对利库德集团执政阶段有详细的叙述和分析，加之对以色列史的夹叙夹议，我们可以得出，以色列是犹太人历经磨难所建立的民族家园，如今在利库德执政阶段更不可能在其安全上有任何的妥协和退让。与此类似的是，Colin Shindler 在其所著《以色列当代史》（A History of Modern Israel）中也追溯了以色列自 1948 年建国以来 60 年的历史，从犹太人移民、定居开始，记录了阿以冲突的发展，论述了以色列复杂的

① Colin Shindler. The Land Beyond Promise：Israel，Likud and the Zionist Dream [M]. London：I. B. Tauris Press，2002.

Colin Shindler. Israel，Likud and the Zionist Dream：Power，Politics and Ideology from Begin to Netanyahu [M]. London：I. B. Tauris Press，1995.

② Howard M. Sachar. A History of Israel：From The Rise of Zionism to Our Time [M]. New York：Alfred A. Knopf，2010.

多元文化和政治构成。①

阿伦·布雷格曼在《以色列史》一书中，将以色列作为论述的中心，把以色列建国前的犹太复国主义运动作为起点，有所侧重地分析了以色列建国至 2001 年之间的以色列史，书中利库德集团的诞生和执政作为以色列史的重要组成部分叙述得相对比较详细。② 作者在书中并不像传统历史书籍那样面面俱到，而是大胆地选取了具有个人倾向性的历史事件加以分析，将以色列社会中复杂的政治、经济、文化等因素相互穿插。在针对利库德集团的论述中，作者有所取舍地选取了特殊性事件，分析了事件的多重因素，是研究利库德集团的重要文献之一。

此类文献是本书写作的主要材料之一，相关的还有：Emanuel Gutmann，“Begin's Israel：The End of an Era?”；Don Peretz，Rebecca Kook，Gideon Doron，“Knesset Election 2003：Why Likud Regained Its Political Domination and Labor Continued to Fade Out”；Elfi Pallis，“The Likud Party：A Primer”；Ze'ev B. Begin，“The Likud Vision for Israel at Peace”；Kenneth Brown，“Iron and a King：The Likud and Oriental Jews”；From the Israeli Press，“A New Party in the Opposition”；刘婧华的《论中东和平与以色列工党和利库德集团在阿以冲突问题上的矛盾》；杨军的《工党和利库德集团对 1991 年以来中东和平问题的政策分歧》；等等。

（三）关于美以关系特殊层面的研究

此类研究虽然并非本书写作所使用的重点材料，但美以关系在这一层面分析得较为深入，本书在写作过程中受到了相当大的启发。主要代表性研究为犹太院外集团对于美以关系发展的作用和影响。这种角度主要研究美国犹太选民对美国总统大选的影响，以及犹太院外利

① Colin Shindler. A History of Modern Israel [M]. Cambridge：Cambridge University Press，2008.

② 阿伦·布雷格曼. 以色列史 [M]. 杨军译. 上海：东方出版中心，2009.

益集团对于美国决策层的影响，在此基础上解释了美以关系史上一些特殊的历史阶段。

犹太院外集团有着自己独立的政治观点，如“以色列政策论坛”等左翼组织主张和平解决巴以冲突，提倡两国方案；美国“锡安主义组织”等右翼则坚决反对巴勒斯坦自治，反对撤离、停建定居点等问题。在其立场下，分别对美国政治层、公众舆论圈展开游说和宣传，并最终影响美国的对以决策和美以关系。[①] 历史上犹太人院外集团的巨大作用难以忽视，其曾有效阻止了美国对以的不利政策，并促使了相关决策人员的离职，及时确保了美以关系良好的发展势头。正由于犹太院外集团的巨大能量，相关研究还将院外集团作为美以关系区别于其他任何关系的一个重要标志，进而研究美以特殊关系的发展。然而笔者认为此种观点对于美以关系来讲，并不是特殊关系的主要内容、发展动力和决定性因素。基于国际政治现实层面来看，这也与美以关系的总体趋势没有绝对的联系。相关主要代表性著作有：

约翰·J. 米尔斯海默、斯蒂芬·M. 沃尔特所著《以色列游说集团与美国对外政策》。[②] 主要观点为：美国长期以来给予以色列的巨大支持不足以用战略和道义上的因素解释，这种巨大的支持实际上是由于以色列游说集团以有利于以色列的方式寻求美国的外交政策，最终影响美以关系的存在状态。

刘军所著《美国犹太人：从边缘到主流的少数族群》。[③] 该书认为，以色列犹太人利益集团的活动直接对美以关系产生了以下几点显著影响：①美以关系从非特殊到特殊。犹太集团的游说，在现实政治需要

---

① Theodore Sasson. Mass Mobilization to Direct Engagement: American Jews' Changing Relationship to Israel [J]. Israel Studies, 2010, 15 (2): 177-178.

② 约翰·J. 米尔斯海默，斯蒂芬·M. 沃尔特. 以色列游说集团与美国对外政策 [M]. 王传兴译. 上海：上海人民出版社，2009.

③ 刘军. 美国犹太人：从边缘到主流的少数族群 [M]. 昆明：云南大学出版社，2009.

的基础上推进了美以关系特殊化的发展。②确保了美国对以色列的巨额援助，这对于以色列立国、发展和壮大产生了重要影响。以色列建国初的花销、战争中的军火交易、战争后的重建、经济建设的重启都是在巨额支持下才得以进行的。③美国的政治支持和纵容助长了以色列国内右翼势力的滋长，导致巴以冲突的激化与和平问题的停滞不前。正是由于以色列的发展壮大，使得以色列在处理地区事务时态度越发强硬，多次战争的结果让以色列更奉行军事强国理念，最终加深了中东复杂的地区局势。

唐立新在《美国犹太利益集团的历史演变和现实操作机制》的论文中明确提出了利益集团与美以关系的联系：在以色列建国后，美国犹太利益集团逐渐集约化和机制化，政治目的也进一步明确，即无条件地捍卫以色列的利益。[①] 在这个过程中，这些犹太利益集团担当起为以色列国家利益服务的游说工作，经常直接地介入到美国政府和国会的工作之中。除此之外，通过影响媒体、思想库和学术界以左右公众舆论，最终达到控制民意的目的。从政府和民众两个层面，影响美国做出对以色列有利的外交政策，最终促使了美以特殊关系的产生和不断发展。尤其是“美以公共事务委员会”在美国国内培植了巨大的亲以色列势力，从而首先保证了以色列不受到来自美国社会各界的攻击和敌意，竭尽全力捍卫了以色列的国家安全和战略利益，使得以色列虽然处于一个恶劣的地缘政治环境之中，但却仍然能依靠美国与周边充满敌意的阿拉伯国家相抗衡并取得胜利。冷战后，利益集团的作用在于使以色列的正面形象彻底在美国社会中得以确立，增添了以色列在美国政治中的分量和战略意义。这也是为何在许多情况下，客观上作为政治阻碍的以色列依旧能得到美国不间断支持的原因。

① 唐立新. 美国犹太利益集团的历史演变和现实操作机制［A］// 傅有德. 犹太研究（第 6 辑）［M］. 济南：山东大学出版社，2008.

除此之外，还有许多文献也涉及此类角度，认为犹太利益集团对于美以关系的深化和发展起到了重要作用。如章迪禹、周琪、高祖贵的《美国对以色列何以偏袒至此》，汪舒明的《试析犹太人在美国政治影响力提升的策略》，李庆四的《美国国会中的外来游说》，金彩红的《美国犹太人对美外交政策的影响》，陈双庆的《美国犹太人对美中东政策的影响》，郭树永的《利益集团与美国外交》等。

（四）关于美国中东政策和对以色列政策的研究

美国作为第二次世界大战后最强大的国家，中东地区自然成为其实施全球战略的重要地区之一，以色列也成为其亲密的战略伙伴，有关美国中东政策和对以色列政策的研究成果最为丰富。

总结此类研究，美国的中东战略具有几个明显的、相对稳定的内容：

（1）确保石油能源安全。这也是美国长期以来扩大其中东影响力的重要动因之一。

（2）确保中东亲美国家的存在。冷战期间，首先是为了遏制苏联，其次是为了稳定能源供应。美国一直以来极力支持中东亲美政权，即使在美以关系最密切的时期，也极力发展同阿拉伯国家的关系。

（3）稳定中东局势。冷战中，与苏联对抗但又极力避免在中东产生美苏的正面交锋。在阿以之间曾维持力量上的相对平衡，在中东地区又遏制地区势力的做大。稳定中东局势实际上就是在稳定美国在中东的既得利益。同样，冷战后反核扩散、反对恐怖主义、促进地区贸易等几个重要内容都是美国为了稳定中东格局而做出的选择。

（4）保证以色列的安全和存在。自20世纪60年代开始，以色列逐渐开始被纳入美国的地区安全体系之中，其安全也逐渐得到了美国的承诺。自此，美以关系在美国中东政策中的地位确定下来，那就是美以关系具有特殊性，是相对稳定的亲密战略伙伴关系，这一点在“9·11”

之后美以关系的新阶段体现得比较突出。并且只要以色列能够为美国发挥作用，可以帮助美国实现国家利益，美国的对以援助就不会停止。[①]

（5）中东的民主问题。冷战中，美国宣扬民主模式的优越性，利用援助手段吸引中东国家站在西方民主阵营，维护亲美政权的存在。冷战后，制裁独裁的反美国家，在阿富汗、伊拉克战争之后，中东问题被美国主观地归结于民主问题，美国走上了对中东进行所谓的民主改造的漫漫长路。

在美国中东战略实践过程中，任何层面、任何时期美国的中东政策都将以色列作为一个重要的独立因素考虑。美以关系的发展与美国中东战略有着紧密的联系，在历史过程中呈现出阶段性的波动。美国中东政策在一定程度上能反映出美国对以色列的战略定位和选择，也体现了以色列在中东对于美国的意义，进而决定了在美国不同的中东政策下美以关系的发展趋势会有一定的差异性。由于美国的超强地位及对国际政治的影响力，在这类角度下切入或者涉及美以关系研究的著作和文献相对比较丰富。

赵伟明所著的《中东问题与美国中东政策》，分阶段论述了自杜鲁门开始至小布什第一任期间的美国中东政策。[②] 其主要研究了美国中东政策的发展轨迹，同时分析了美国中东政策与全球战略的关系。整体看，他认为美国中东政策是全球战略的重要组成部分，是各种利益间平衡的产物。从他的研究中也可以发现，美以关系作为影响美国中东政策的变量在不同时期发挥出了不同的作用。美以关系在冷战过程中是服务于遏制苏联的总目标的，在中东战略的实施过程中，美国根据不同的形势对美以关系做出了阶段性调整。肯尼迪时期以前，美国为

① Stephen Zunes. The Strategic Functions of U.S. Aid to Israel [J]. Middle East Policy, 1996 (4): 7-14.
② 赵伟明. 中东问题与美国中东政策 [M]. 北京：时事出版社，2006.

了在中东扩大其支持者以遏制苏联，对以色列并未呈现出特殊的照顾和偏向，对温和的阿拉伯国家试图进行拉拢，所以美以关系前期表现出的是一种较为冷淡的双边关系。自肯尼迪开始，随着苏联在中东地区的渗透和阿拉伯国家的亲苏倾向，美国开始提升与以色列的关系，对以色列安全进行承诺，军事经济援助全面提升。特别是在 20 世纪 80 年代期间，美以关系在之前的基础上更加稳固，完全是大国与小国军事结盟的体现，美以自此开始都保持着极为亲密的关系，两国合作也全方位展开。[①] 冷战末尾开始，美国更倾向于维持中东的稳定，推进和平进程，迫使以色列接受和谈。在海湾战争结束后，美国已经确立了在中东独一无二的优势地位，而苏联的威胁已经消失，那么美国中东利益的要求便是维持稳定。为了进一步扩大美国影响，建立中东新秩序，促成阿以和谈便成为海湾战争后美国中东政策最主要的部分，美以摩擦也因此增多。克林顿在此之后也坚持着推进阿以和谈的使命，力图维护美国与阿拉伯国家关系、美以战略伙伴关系和中东既得利益。“9·11”之后又迎来了美以关系的新阶段，美国在中东接连发动两场大规模战争，反恐反扩散成为美国全球战略和中东战略的核心内容，美以关系在此基础上有了新的战略基础，而以色列也借此机会打击巴勒斯坦激进力量，其强硬的行动得到了美国的默许，这是因为“9·11”之后初期，阿以冲突的解决不是当时美国最重要利益的实现条件。[②] 这本著作是对美国中东政策的系统研究，在这个框架下还分析了美以关系不同阶段的重要历史事件。

高祖贵所著《冷战后美国的中东政策》一书对冷战后美国的中东利

---

① Samuel W.Lewis. The United States and Israel: Evolution of an Unwritten Alliance[J]. Middle East Journal, 1999, 53 (3): 374-381.

② Kathleen Christison. All Those Old Issues' George W. Bush and The Palestinian-Isearli Conflict [J]. Journal of Palestine Studies, 2004, 33 (2): 38-42.

益进行了深入的分析，进而研究美国的中东政策，而这个过程实际上也反映出了美以关系发展的国际环境和背景。[①] 书中界定了冷战后美国在中东的利益内容，结合史实，详细论证了老布什和克林顿两届政府中东政策发展演变的基本脉络。在冷战后新的背景下，美以关系随着美国中东政策的变化也产生了调整。老布什时期对以色列强硬立场和行动进行约束，努力搞好与阿拉伯国家的关系，在不危及以色列安全的情况下保证美国在中东的利益。克林顿政府基本延续了老布什的战略思想，在推进中东和平进程的同时加强美以战略伙伴关系。不同于老布什的是，克林顿时期美国对以色列的偏袒比较明显，也因此产生了对中东阿以和谈的阻碍。美国在中东的利益具有稳定性，而美以关系也在现实的考验中更加成熟，虽然冷战后美以双方存在一定的摩擦，但是美以关系的趋势依旧是不断深化的，以色列在美国打击反美激进势力、建立中东稳定的军事存在、长期介入中东地区事务等层面上发挥着不可替代的作用。

除此之外，在研究美国中东政策下涉及或者涵盖美以关系方面的专著和文献还有很多。例如，汪波的《美国中东战略下的伊拉克战争与重建》，潘锐的《冷战后的美国外交政策——从老布什到小布什》，杨鸿玺的《奥巴马政府的战略变革与中东局势发展》，赵葆珉的《国际格局变化与奥巴马新政下的美国中东政策》，田文林的《美国的中东战略及其历史命运》，张熠的《从第三次中东战争看美国中东政策的调整》，贺鉴的《冷战后美国中东政策》，叶青的《试论海湾战争后美国中东政策的演变》，白玉广的《美国对以色列的政策及美以关系的发展（1948—1958）》，等等。

① 高祖贵. 冷战后美国的中东政策［M］. 北京：中共中央党校出版社，2001.

（五）关于美以关系的历史研究

无论研究美以关系的哪一个方面，首先必然是对美以关系的历史研究。而美以关系的发展史又与中东历史关系极为密切，特别是从中东战争史、中东重要历史事件中都能找到美以关系阶段性变化的线索和标志。通过对美以关系史的分析，人们可以发现，美以特殊关系的形成具有复杂且多重的因素，如宗教文化、社会纽带、战略利益等。而这些因素将继续塑造美以关系，以及影响美国对以色列的后续政策。此类文献比较丰富，主要有：

Robert O. Freedman 所著《以色列与美国：以美关系六十年》（Israel and the United States：Six Decades of US–Israeli Relations）一书，涵盖了自 1948 年以来直至奥巴马任期的美以关系发展史。[①] 书中除了讨论传统的美以合作、美阿关系，还重点强调了美以关系对美国与阿拉伯世界关系的巨大损害、美国公共舆论对以色列一直以来的支持、美国从单纯经济援助到美以贸易发展、美国政治体制特点对以色列政体的影响、以色列当下在处理伊朗核问题上可能对美国产生的危害等多层问题。通过历史的回顾，本书梳理了美以关系的特殊性，并从多个角度重新分析了美以关系发展变化的动因和影响。与此类视角类似的是，Herbert Druks 所著《不稳定的联盟：从肯尼迪时代走向和平进程的以色列和美国》（The Uncertain Alliance：The U.S. And Israel from Kennedy to the Peace Process）一书，从地缘战略的角度论述了肯尼迪时期开始的美以关系。[②] 全书从美国的视角出发，结合各时期的代表性事件，运用大量史实分析美以关系发展变化的战略动因。虽然此专著研究的时

① Robert O. Freedman. Israel and the United States：Six Decades of US–Israeli Relations ［M］. Boulder：Westview Press，2012.

② Herbert Druks. The Uncertain Alliance：The U.S. And Israel from Kennedy to the Peace Process ［M］. London：Greenwood Press，2001.

间跨度相对较短，但分析了历史、战略、个人因素等影响美以关系的深层原因。

Eytan Gilboa，Efraim Inbar 所著《新时期的美以关系：9·11 后的问题与挑战》(US-Israeli Relations in New Era：Issues and Challenges after 9/11)[①] 也是一本在历史背景线索下直接分析美以关系的专著，书中从战略利益视角、国内政治视角、外交政策分析、多边关系角度分析了"9·11"事件后美以关系的影响和变化因素，并对美以关系的未来做出了预见性的判断：美以关系在未来依旧不是被国内或者特殊层面因素决定的，而主要是被国际社会无政府状态下的均势战略所影响。

李伟健所著《以色列与美国关系研究》一书，从客观的美以关系史出发，首先系统地梳理和回顾了美以关系的发展阶段，认为美以特殊关系是冷战的直接产物。[②] 在此基础上，作者结合冷战时期中东历史、冷战后中东和平进程发展史对美以关系和阿以冲突两者的相互作用做了客观的分析。美以关系对阿以冲突的作用具有两面性，阿以冲突在一定程度上塑造和推进了美以关系的发展。作者在书中通过历史分析法，还综合地对美以双方政策、美以关系的特殊层面、美以文化、美以经济军事合作做出了系统的评价。本书虽然大量借助国际关系史来研究美以关系，但其并不是单一的美以关系历史研究，而是分析了美以关系研究中的几个主要内容：①美以特殊关系最主要的支柱和基础是战略利益与军事合作。②美以关系与中东局势是相互塑造的，并直接造成了当下中东局势的复杂性。③美以关系的发展具有浓厚的冷战色彩，受美国国家战略的直接影响。④美以关系一定时期内虽然相对稳定，但是依旧存在阶段性的显著变化，并且可能对今后地区和世界

① Eytan Gilboa，Efraim Inbar. US-Israeli Relations in New Era：Issues and Challenges after 9/11 [M]. London：Routledge，2009.

② 李伟健. 以色列与美国关系研究 [M]. 北京：时事出版社，2006.

局势产生重要影响。

王新刚、王立红所著《中东和平进程》一书，对中东和平发展历史进行了客观的分析和评述，其中对冷战末开始启动的中东和平进程做了重点的论述，在这个过程中美以关系的调整和发展也得到最直接的体现。[①] 该书认为，美以关系的发展从一开始就伴随着以色列与阿拉伯世界的战争冲突和矛盾。面对阿拉伯人，美国时刻都无法忽视巨大的中东战略利益和能源利益。面对以色列人，美国经过几十年的考验坚信其是最重要的中东战略支点。那么在这两者之间，美国所做出的选择就是同时赢得两者的信任和友谊。冷战中，由于被遏制苏联的首要战略目标所限制，美国不得不采取偏袒以色列的立场因而与阿拉伯国家在诸多问题上产生了巨大的分歧。然而冷战末期开始，随着苏联威胁的逐渐消失，美国自老布什开始重新调整了自己的中东战略，实际上是对美以关系做出的调整。书中分析了老布什、克林顿、小布什直至奥巴马时期的中东政策，将中东和平进程的发展同美国战略利益的变化结合起来。老布什时期提出的中东新秩序，要求美国在海湾战争后重新重视巴以冲突问题，如果想改善与阿拉伯国家的关系，就要求美国在巴以冲突中更加客观。克林顿延续了老布什的传统政策，美以关系在中东和平进程全面展开的情况下进行了调整。“9·11”事件后，美国中东战略再次调整，中东和平进程由于多方问题被迫中止，而美以关系在新的战略机遇下迅速发展。如今，面对艰难的中东和平进程，改善美国国家形象、改善美以关系、处理美国在中东的遗留问题成为奥巴马政府的主要任务。美以关系在奥巴马上任后持续呈现出紧张态势，特别是两国领导人对待巴以冲突的不同立场，两国战略利益的角度分歧，不仅造成了中东和平进程难以继续，更有可能影响美以关系

① 王新刚，王立红. 中东和平进程［M］. 北京：时事出版社，2012.

的良好走向。与此类似的是：殷罡主编的《阿以冲突——问题与出路》一书，从中东的核心问题入手，在论述中东和平进程的发展过程中，不仅贯穿了美国的中东政策和对以政策，还为读者呈现出了以美矛盾的根源和历史。[①]

张士智、赵慧杰所著的《美国中东关系史》是一本在美国视角下论述美国第一次世界大战后在中东寻求国家利益的历史专著。[②]作者深入探讨了中东战争、美苏在中东的争夺、美阿关系、美以关系等方面。此著作以美国为中心进行论述，作者从历史出发，分析了美以关系中的主要方面：美以关系与美阿关系的发展变化，美以关系与美国参与中东事务的历史演变等。

除此之外，以国际关系史为基础，涉及并讨论了美以关系的文献还有：陈建民的《当代中东》，徐向群、宫少朋的《中东和谈史 1913—1995 年》，刘月琴的《冷战后海湾地区国际关系》，孙德刚的《浅析约翰逊政府时期美以特殊关系的基础》，万光的《克林顿上台后的美以关系》，蔡丹的《论十月战争与美国和以色列特殊关系的转折》，等等。

在对上述文献进行归纳分类，并对这些文献所做学术贡献进行正面评述的同时，本书作者发现现有的研究成果在以下几个方面还存在一定的薄弱环节：

第一，绝大多数以美关系研究主要强调的是美国中东政策变化下的美以关系，其实质讨论的还是美国全球影响力的变化。

第二，以美关系的研究多作为某一组成部分常见于中东战争史、中东史等方面的著作和论文中，论述的重心是中东局势的发展和变化。

第三，从以色列的角度梳理以美关系的文献相对较少，而能够详

① 殷罡. 阿以冲突——问题与出路［M］. 北京：国际文化出版公司，2002.
② 张士智，赵慧杰. 美国中东关系史［M］. 北京：中国社会科学出版社，1993.

细论述利库德集团的著作和期刊文献更是少之又少。实为国内外学术界尤其是中国学者加以努力补充完善的领域，也为本书选题立意的重要依据之一。

三、研究方法及论文结构

（一）研究方法

本书以马克思主义辩证唯物主义和历史唯物主义的世界观和方法论为根本指导，坚持辩证地看待事物内部存在的矛盾，从历史现象中提炼本质特征，分析事物发展变化的偶然性与必然性，并总结其历史规律。在具体的分析过程中主要的研究方法有以下三类：

（1）地缘政治分析法。以色列的地缘位置极其特殊，其处于阿拉伯国家的包围之中，国家行为对地区局势具有深刻影响。本书采取地缘政治的分析方法，探讨了利库德集团及其领导人执政时期以美地缘战略目标及其互动过程，并分析了重大问题上以色列的决策对以美关系和地区局势所产生的多种影响。

（2）历史分析法。书中历史的描述和分析主要围绕犹太复国主义、利库德集团及其领导人的特点、以色列主要的对外实践、中东和平进程、以美对外战略等方面展开。不仅梳理了利库德集团及其领导人执政与以美关系变化之间的客观联系，还进一步分析了两者相互作用的深层因素。

（3）比较分析法。本书重点比较了不同时期以美关系发展变化的内外动因，强调了利库德集团及其领导人对以美关系所产生的不同影响。这些比较，既能反映出利库德集团及其领导人略有区别的执政方针，也能体现出美国对外战略的不断调整。

（二）本书基本结构

除绪论外，本书还有六章。

第二章，利库德集团意识形态溯源与组织形成。本章从犹太复国主义史出发，根据犹太复国主义运动的发展和分化总结了修正主义运动的性质及其目标，然后分析了利库德集团与修正主义之间的思想和组织联系。

第三章，首次执政的利库德集团与以美关系。贝京揭开了利库德集团执政的序幕，他带领以色列在中东和平进程上走出了重要的一步，但在此过程中以美之间产生了诸多摩擦。同时，贝京致力于实现利库德集团的政治目标，因此也使以美关系产生了隔阂。但是，总体上以美关系在这个时期延续了之前的良好态势，并有了相当大的发展。

第四章，沙米尔与以美关系的发展。沙米尔首先接任贝京并短暂任职，随后又经历了联合执政，最终确立了利库德集团政府。在沙米尔执政时期，美苏冷战态势发生转变，恐怖主义蔓延，和平进程受阻。修正主义思想浓厚的沙米尔在特殊的地区和全球背景下全力推行利库德集团的主要政策。同时，“里根主义”的出台也为沙米尔暴力镇压阿拉伯人起义、加快定居点建设减少了来自美国的压力，以美关系在双方共同的战略需要下出现了战略合作高峰。

第五章，以美关系的再调整。20 世纪 90 年代，以美关系出现了大幅度的波动。沙米尔执政后期继续加速定居点建设，消极对待和平进程。而此时老布什积极参与中东事务，试图建立美国主导的“中东新秩序”。以美在不同的战略需求下产生了分歧，这种分歧随着海湾战争和中东和平进程的推进而深化，最终以美关系严重受损，利库德集团失去执政地位。随后工党政府积极达成了多个和平协议，以美关系得到回升。然而由于特殊的竞选模式和地区背景，利库德集团领导人内塔尼亚胡胜选担任总理。他在第一任期中推行利库德集团的传统政策，不仅拒绝贯彻之前的和平协议，也未保护当时的和谈成果，导致以美关系遇冷。

第六章，21 世纪的利库德集团与以美关系。21 世纪的以美关系在新的地区和国际局势下不断变化，沙龙执政初期受利库德集团执政方针的束缚，在小布什“超脱”政策的背景下大力反恐，借势打击巴勒斯坦敌对力量。小布什政府推进中东和平进程后，沙龙接受中东和平“路线图”，并在政治现实主义指导下实施“单边撤离”计划，以美关系稳步上升，而利库德集团却因此分裂。沙龙重组前进党执政，在其离开政坛后前进党政府继续坚持原有政策。由于不断恶化的安全环境和未达成和平愿望的撤离计划，以色列右翼势力逐渐回归。2009 年，内塔尼亚胡再次组阁执政，第二次执政的内塔尼亚胡仍然表现出作为利库德集团一员的信仰与目标。他重启定居点建设活动，阻碍美国所推进的巴以和谈，而后又在伊朗核问题上与奥巴马政府直接对立，以美关系跌至低点。

第七章，结论。本章归纳出了利库德集团的自身特点，认为其执政往往损害中东和平进程的推进，以美关系也会因此遇冷，同时推断利库德集团更易在恶化的安全环境下执政以色列，并认为以美关系的未来不容乐观。

四、拟创新点与研究难点

（一）拟创新点

（1）弥补了中文文献的不足。虽然国内美以关系的研究极为丰富，但目前紧扣利库德集团与以美关系的研究比较少见。作者查询国家图书馆馆藏目录、国家图书馆文津搜索平台、中国知网、万方数据、维普资讯等平台后统计发现：截至 2015 年 3 月，研究利库德集团的直接相关学位论文共计 1 篇，主要内容包括利库德集团的学位论文共计 3 篇；1980 年至 2015 年 3 月，深入研究或直接涉及利库德集团及其领导人执政和影响的期刊论文共计 290 篇，报纸信息 300 条。笔者目前

尚未发现国内有利库德集团的专著研究。因此，本书选择研究利库德集团及其对以美关系的具体影响是最大的特色和创新，选题和论述角度都较为新颖。

（2）预测了利库德集团继续执政的可能性。本书将利库德集团执政历史同中东局势的发展相结合，发现其组建政府时期往往处于地区政治环境复杂、安全环境恶化的背景下。因此，利库德集团或其领导人之所以能多次走上权力巅峰，其外部环境因素产生的影响可能是其不可或缺的首要原因。本书据此推测，在当下中东恐怖主义爆发、政治局势动荡、伊朗核问题存在的背景下，利库德集团赢得大选继续执政的可能性较大。这一结论是通过对历史的收集、整理和对比所得，基本印证了利库德集团主政各个阶段的现实状况，也是历史分析法和比较分析法相结合的体现。

（3）前瞻了以美关系的走向。相对于其他执政者而言，利库德集团及其领导人执政更易导致以美关系的滑落。美国目前显然最为关切中东的和平与稳定，奥巴马卸任前仍会继续为推行其“再平衡”战略而努力同伊斯兰国家缓和关系。本书推断，如果内塔尼亚胡继续执政，那么以美关系的分歧将持续存在，甚至会进一步深化。从地缘政治的角度来看，以色列同周边国家的冲突仍有烈度提升的较大可能，以色列在国家安全受到巨大威胁的情况下必然会采取强硬的对外政策，由此而引发的以美分歧会持续存在。但不能否认的是，由于以色列特殊的地缘位置，以美关系的实质很难发生变化，美国仍会将以色列作为“撬动”中东政治的一个关键点。

（4）理论的综合应用与实证分析。本书在分析过程中立足于马克思主义辩证唯物主义和历史唯物主义的世界观及方法论，客观辩证地分析表象，提炼内因。在这一过程中，笔者还将政党政治理论、建构主义理论和主观均势理论综合运用，对工党与利库德集团的对外决策进行了对比，探讨了利库德集团对“巴勒斯坦人”和“国家安全”的认知，论述了以美关系各阶段发展变化的多方面因素，并最终依据相应的推演逻辑得出了不同角度的结论。

（二）研究难点

以下几点既是本书研究难点，也是薄弱环节：

（1）文献资料问题。正如前文中提到的，目前国内外对以美关系的研究绝大部分是以美国为立足点的，这类文献较丰富，而专题研究利库德集团的文献资料相对较少。因此，本书部分史料主要源于对传统研究成果的梳理和筛选，笔者需要在今后的研究中继续进行文献资料收集工作。

（2）理论深度问题。本书在写作和总结过程中将马克思主义中的政治学基础理论、国际政治现实主义理论、建构主义理论综合运用，对具体的史实进行侧重点不同的演绎推理。但由于作者自身理论修养与知识积累的不足，理论推演的深度和广度有待进一步加强。

（3）研究视角问题。由于客观条件的限制，笔者对以色列复杂而特殊的宗教文化着墨不多，主要是围绕以色列的现实外交进行分析，着重强调利库德集团在重大事件上的决策对以美关系所产生的决定性作用，在研究视角上有待进一步拓宽。

第二章　利库德集团意识形态溯源与组织形成

以色列的历史，可以看作是一部犹太复国主义史。从这个角度看的话，以色列建国实际上就是犹太复国主义运动的直接产物，犹太复国主义者通过长期的外交与战争完成了在巴勒斯坦建立家园的“历史使命”。利库德集团和以色列其他政党都是在犹太复国主义思想和运动发展中逐渐形成的意识形态继承者。作为以色列最主要的政治力量之一，利库德集团所坚持的思想和信仰具有特殊的历史延续性及稳定性，它自身的形成和发展也必须还原到以色列的历史中去考量。总的来看，利库德集团伴随着修正主义思想和运动的发展而逐渐建立起来，利库德集团所继承的修正主义思想是犹太复国主义思想的重要组成部分。修正主义思想的产生背景、发展过程和组织沿袭，也是理解利库德集团主流意识形态和组织过程的关键。

第一节　“犹太复国主义”思想的形成与分化

犹太复国主义思想是犹太人在多年来的悲惨境遇下所兴起的民族复兴思想，它在特殊的历史和现实背景下最终成型。在犹太复国主义思想兴起和发展的过程中，出现了许多具有先进思想的领导者，是他们推动了这一事业的持续前进。实践过程中，犹太复国主义运动遇到了种种挑战，最终也出现了自身的变化和调整。在此基础上，犹太复国主义运动为犹太人建国打下了思想和组织基础。

一、“犹太复国主义”思想的兴起

（一）“犹太复国主义”思想产生的历史背景

犹太复国主义思想的产生有着极其复杂的背景和因素。

（1）宗教文化背景。传统犹太教中的“回归锡安”等弥赛亚救世信仰事实上就是最早宗教意义上的“犹太复国主义”。[①] 在希伯来《圣经》中，早已记载了“回归锡安”运动的具体内容（锡安，最初作为耶路撒冷的同义词，随后泛指整个“属于”犹太人的土地）。因此，在后来的犹太教发展中，犹太人“返乡复国”的思想是贯穿始终的，并且随着民族现实生存状况的恶化不断加强。后来我们所说的犹太复国主义就是从这种宗教复国思潮中演变而来的。[②]

（2）社会因素。犹太复国主义受到了文艺复兴、宗教改革以及法国大革命的影响。这些思想启蒙运动提倡借助世俗的方式解放悲惨的犹太民族，推动了犹太人的解放意识，加速了犹太文化的现代化进程，推进了犹太人口的城市化进程，为犹太复国主义运动奠定了社会基础。[③]

（3）历史现实的产物。[④] 从行动的自由、行业的限制到信仰的被歧视，犹太人不仅在欧洲经历了长时期的宗教、社会排斥与迫害，他们自从大流散起也在世界各处不断经受着折磨与失败。例如，即便在启

① 刘精忠. 宗教与犹太复国主义［M］. 北京：中国社会科学出版社，2010.

② 余建华. 试评犹太复国主义及其运动［J］. 同济大学学报（人文社会科学版），1996，7（1）.

③ 雷钰，黄民兴等. 列国志——以色列［M］. 北京：社会科学文献出版社，2011.

④ 19 世纪以前流散的犹太人绝大部分集中于欧洲地区，对于犹太人的歧视与屠杀现象始自公元 4 世纪的欧洲。

蒙运动过后，欧洲犹太人仍无法完全自由地选择职业、要求自己的人权，他们只能在驱逐和排挤中繁衍生存。甚至有些犹太年轻人选择了更改自己的宗教信仰，一代代新的犹太人也因自己的信仰而无法提升其社会地位。

这三方面的因素，刺激了犹太人想要消除其宗教信仰与世俗利益之间巨大差异的愿望，是推动犹太复国主义思想产生的历史背景。

（二）犹太复国主义思想的兴起

19 世纪末兴起的犹太复国主义是一种世俗的社会政治思潮，而且也是由世俗犹太政治家发起的，但它的原动力却主要来自于外部，是由正在走向现代化的欧洲社会所孕育的犹太民族主义思想促成的。[①]

19 世纪中叶的欧洲革命浪潮之后，犹太人逐渐拥有了有限的公民权利，随之立即在欧洲产生了强大的犹太人中产阶级团体。在卸下了诸多的限制后，犹太人在政治、经济、文化和社会等层面都表现出了自己的才能，仿佛这个群体正逐渐被欧洲社会所接受。

但仍有一些思想家意识到反犹主义仍然威胁着犹太民族的生存，并相继提出了自己的犹太复国主义思想。在奥斯曼帝国的消亡过程中，他们希望借此政治格局巨变的机遇来彻底解决犹太民族的生存等问题。这些早期的思想家们对于犹太问题的客观分析形成了一定的体系，不再只是从简单的带有宗教性偏见的角度去理解现有矛盾。其中最为著名的人物有思想家摩西·赫斯，他早期受到了社会主义思想的影响。在其《罗马与耶路撒冷》一书中，他分析了犹太人面对的宗教信仰困境，重申了宗教的核心地位，开创性地提出了建立“犹太国”的现实目标，并在政治上呼吁开展民族解放运动以及向“以色列地”进行移民的运动。与赫斯齐名的还有拉比·卡利舍尔，他在著作《寻找锡安山》中也

① 王铁铮. 犹太复国主义与以阿关系［J］. 西北大学学报（哲学社会科学版），2006，36（1）.

表达了相同的犹太复国主义思想。遗憾的是，由于两者皆处于西方犹太人享受个体解放的喜悦时期，因此他们以及早期的思想者们并未在欧洲犹太人中产生足够的影响力。①

犹太复国主义思想于19世纪末才真正兴起，当时再次爆发的大范围反犹浪潮和大屠杀让犹太人对真正的解放不再抱有任何幻想。由于难以消除的人格歧视、宗教排挤和生存威胁，一些富有先进思想的犹太复国主义思想家们认为只有在一个属于自己的土地上才能真正将犹太民族从苦难之中解救出来。他们在前人思想的基础上进一步提出了清晰的观点，推动了犹太复国主义思想的发展。这一时期的代表人物是列奥·平斯克，他是犹太复国主义在最初的前政治阶段的创始人。②他在经历了俄国反犹暴乱和屠杀后，彻底放弃了文化同化的理念，在1882年发表的《自我解放：一个俄国犹太人对同胞的警告》中总结了前人分散的犹太复国主义思想，将犹太问题真正建立在现实的困境中讨论。他指出犹太人面临的长期宗教排挤和民族敌意已无法根除，说理与辩论无法在失效的同化下发挥作用，因此犹太人必须是一个独立存在的民族，需要一个属于犹太人的领土将自己从苦难之中解救出来。同时，他还提出了把向巴勒斯坦移民作为解决犹太人问题的一个步骤，但是他并没有将巴勒斯坦地区视为犹太人独立生存的唯一目的地。③

犹太复国主义思想的兴起是历史矛盾积累的结果，反映了犹太人对宗教和世俗利益的迫切需要。早期思想先驱们提出的“解决方案”为苦难中的犹太人指明了方向，一些复国和移民组织随之相继建立，这为后来犹太复国主义运动的全面形成奠定了基础。

①② 诺亚·卢卡斯. 以色列现代史［M］. 杜先菊等译. 北京：商务印书馆，1997.

③ 沃尔特·拉克尔. 犹太复国主义史［M］. 徐方等译. 上海：三联书店上海分店，1992.

二、"犹太复国主义"运动的开端及其意义

虽然早期的犹太思想家们推动了犹太复国主义思想的兴起，揭开了犹太复国主义运动的序幕，但这并不足以促使犹太复国主义运动正式确立。将犹太复国主义思想全面整理并付诸实践的领导者是西奥多·赫茨尔。

1897 年在瑞士巴塞尔召开的第一届世界犹太人代表大会是犹太复国主义运动正式开展的标志，会议的召集者便是西奥多·赫茨尔。会议取得了两大成果：一是通过了《世界犹太复国主义运动纲领》（即《巴塞尔纲领》）；二是成立了世界犹太复国主义组织，并选举赫茨尔为主席。因此，巴塞尔大会是犹太复国主义运动史上的里程碑，它标志着原先分散的、地区性的犹太复国主义运动开始成为一个统一的世界性的政治运动。[①]

1860 年，赫茨尔出生于布达佩斯，其家庭有着一定的犹太教文化背景。他从小接受良好的教育，先后从事过法律、文学、记者等工作，从某种意义上讲他是一位典型的被同化的犹太人。在其报道法国德雷福斯案件期间，法国的反犹浪潮促使他确立了自己的犹太复国主义信仰。[②] 在他看来，反犹主义不仅是宗教的，也是种族的，历史积累起来的犹太问题急需新的解决方式，所谓新的方式本质上就是重建犹太国。赫茨尔的观点最终汇聚成了犹太复国主义运动的圣经《犹太国》，其副标题是"对现代犹太问题解决的一个尝试"。赫茨尔在书中分析了现代反犹主义的根源，提出了未来犹太国家的结构以及建立犹太国家的组织基础。赫茨尔认为，反犹主义是犹太人在近代欧洲获得解放的后果，

① 肖宪. 中东国家通史·以色列卷［M］. 北京：商务印书馆，2000.

② 德雷福斯案件，或称德雷福斯冤案，是 19 世纪末发生在法国的一起政治事件。事件起于阿尔弗雷德·德雷福斯，一名法国犹太裔军官被误判为叛国，法国社会因此爆发严重的冲突和争议。

解放使得犹太人在经济和政治上取得了巨大成功，但这却遭致一种嫉妒和仇恨，反犹主义在现代社会不会自动消亡，犹太人要想继续存在就只能建立一个属于自己的国家。①

这本书对犹太人影响巨大，赫茨尔在实践中将前辈的犹太复国主义思想具体化、行动化和组织化。为了实现计划中的民族主义政策，赫茨尔又开始了漫长而又困难的对外求援，并游说犹太富豪进行资助。他最终促成了第一届犹太复国主义大会的召开，还建立了世界犹太复国主义组织，一举成为犹太复国主义运动者的首要代表。同时，赫茨尔的政治犹太复国主义思想也成为主流的犹太复国主义思想。②

通过对之前犹太复国主义者思想的汇总，这次会议最终确立了犹太复国主义运动的现实目标，通过了《世界犹太复国主义纲领》，即《巴塞尔纲领》。具体来看：其总体目标是在巴勒斯坦建立一个被广泛认可和受法律保护的犹太民族家园；实现途径是鼓励犹太农业劳动者、工人和手工业者在巴勒斯坦地区定居，将全体犹太人与巴勒斯坦地区或更广泛的犹太复国主义团体联合起来，为共同的目标而努力；必须加强犹太人的自我意识和民族意识，积极开展外交活动以确保重要国家对犹太复国主义运动给予帮助。③

这次会议对犹太人建国进程而言意义深远。首先，会议整理了分散繁多的犹太复国主义思想，确立了犹太复国主义运动最初的指导思想，进而正式成立了世界犹太复国主义组织，这标志着犹太复国主义运动进入了有组织的实践阶段。④其次，明确了犹太人对巴勒斯坦地区的政治诉求，提出了实现这一诉求的途径。最重要的一点，会议号召

---

① 何伙旺. 政治与文化：犹太复国主义运动内部之辩［J］. 南京政治学院学报，2011（3）：38.

② 阿伦·布雷格曼. 以色列史［M］. 杨军译. 上海：东方出版中心，2009.

③ Howard M. Sachar. A History of Israel from The Rise of Zionism to Our Time［M］. New York：Alfred A. Knopf，2010.

④ 杨曼苏. 今日以色列［M］. 北京：中国工人出版社，2007.

所有的犹太复国主义者在不同的方式和理念上团结起来，努力建立属于自己的“犹太国”。

我们还必须看到的是，随着其成员在建国方式和内容上的差异越来越大，赫茨尔所组织起来的犹太复国主义运动在内部逐渐产生了诸多侧重点不同的流派和分支，不同势力的分化组合比较明显。主要的派别有：“文化犹太复国主义”（强调犹太文化复兴的首要性）、“劳工犹太复国主义”（呼吁犹太复国主义与社会主义的融合）、“宗教犹太复国主义”（实现犹太人的政治自由和犹太教复兴）、“修正主义”（强调军事斗争性）、“综合的犹太复国主义”（融合政治与实践途径）等。[①]

但在这里，本书更想强调的是，犹太复国主义运动首次为犹太人树立起了明确的政治理念和追求，掀起了一场民族主义世俗化的政治运动。同时，犹太复国主义思想的分化受到了政治犹太复国主义思想的启发，新生的派别成为以色列建国前各类政治团体和以色列建国后不同政党的思想源头。

三、“犹太复国主义”思想的分化及其影响

导致犹太复国主义思想分化的最主要原因是赫茨尔所领导的政治犹太复国主义运动未能在建国问题上取得令人满意的结果。直至赫茨尔逝世时，犹太复国主义运动距离它的政治目标依然很远，因此很多犹太复国主义者开始质疑赫茨尔所坚持的方针政策能否解决犹太问题。与此同时，犹太复国主义组织内部因“艾尔—阿里什方案”与“乌干达方案”而产生的分歧不断激化，逐渐形成了各种思想派系甚

① Zionism［EB/OL］. http：//www.jewishvirtuallibrary.org/jsource/zion.html.

至是独立的党派。[①] 在这个过程中，犹太复国主义思想分化出了三个主要的阵营：

（1）社会主义者阵营，以劳工犹太复国主义者为代表。劳工犹太复国主义从第二次犹太人移民巴勒斯坦浪潮时期开始形成，并很快在巴勒斯坦犹太人中占据了思想的主导地位。他们认为犹太人在巴勒斯坦地区扩大生产活动和定居点建设是实现建国的最好途径。除此之外，当时宗教政党的支持也提升了劳工犹太复国主义者在犹太人中的认可度与合法性。支持劳工犹太复国主义最具有代表性的宗教政党是“米兹拉希党”（意为精神中心）。与其他长期以来对政治犹太复国主义怀有敌对情绪的正统犹太教徒不同的是，米兹拉希党从犹太复国主义组织成立之初就加入并支持政治犹太复国主义的建国行动。1902 年，它正式以政治党派角色出现，成为了犹太复国主义组织中的特殊政治团体。这个团体从根本上看是源于东欧“热爱圣山运动”中的一些犹太教徒。“热爱圣山运动”虽然从政治上看失败了，未能将宗教与复国思想相嵌，但毋庸置疑的是这次运动促进了第一次犹太人移民巴勒斯坦浪潮的发展（1882~1903），使得第一波有组织的犹太移民直接奔赴了巴勒斯坦地区，为以后巴勒斯坦犹太人的生产建设活动提供了有生力量。[②] 然而，“米兹拉希党”不仅只想实现政治犹太复国主义的目标，即在巴勒斯坦地区建立犹太人国家，同时也要求在巴勒斯坦犹太人中建立起主要宗教。他们关切劳工和社会福利问题，也试图将政治犹太复国主义和劳工犹太复国主义相融合。[③]

---

① 沃尔特·拉克尔. 犹太复国主义史［M］. 徐方等译. 上海：三联书店上海分店，1992. 英国为犹太人设计的两种建国方案。前者是用西奈沙漠北部的一个地区安置犹太移民，计划流产后，后者诞生，即在英属东非为犹太人建定居点。但是毫无疑问，两个计划违背了要在巴勒斯坦地区建国的最初目标，引发了犹太复国主义组织内部成员的批判。

② 热爱圣山运动：1881 年由于俄国屠犹排犹，东欧犹太人掀起的民族运动。

③ Mark Tessler. The Political Right in Israel：Its Origins，Growth，and Prospects［J］. Journal of Palestine Studies，1986，15（2）.

（2）宗教思想阵营，引领者是极端正统派和非犹太复国主义者犹太教徒。他们反对政治犹太复国主义者发起的政治活动，谴责犹太复国主义运动一直以来都在寻求国联和英国的帮助，认为犹太复国主义组织的政治规划与犹太大众的内心愿望相悖。他们还发起了“联合的以色列世界联盟”运动，提倡绝对的正统犹太律法，认为犹太人应该耐心地等待“弥赛亚”的到来，等待犹太人自然而然地获取“应许之地”。[①] 这一股势力独立于犹太复国主义组织之外，也不在巴勒斯坦犹太人的政治机制之中。[②]

（3）中右翼阵营，该阵营既强调对阿拉伯人的斗争性，也重视犹太民族主义的世俗性。中间力量的代表是综合犹太复国主义者，他们坚持政治、实践手段共存的建国方式，在犹太复国组织中并不加入任何政治派别，主要构成人员为中产阶级。右翼代表则是修正主义者，他们坚持极端的领土和政治目标，因此坚决反对政治犹太复国主义者不断在建国位置和目标上妥协让步，在实现途径上总是寄希望于大国势力的介入和外交手段。[③]

犹太复国主义思想的分化是犹太复国主义运动在现实中受阻的必然结果，这一趋势使得政治犹太复国主义思想的影响力下降，不同的复国思想与路径才有机会蔓延和传播。修正主义思想就是在这一过程中开始成熟的，其理念也逐渐被更多的人所接受，因而修正主义者日后才能够组建起具有影响力的政治力量，为以色列政局的变化埋下了伏笔。

---

① 弥赛亚，又称救世主，犹太教相信在世界末日到来时弥赛亚会降临并履行其神圣的使命，即把犹太人从流亡和苦难中解救出来，使他们返回以色列本土，重建自己的王国。应许之地，犹太教中所说的上帝赐予犹太人的土地，从尼罗河直至幼发拉底河。

②③ Mark Tessler. The Political Right in Israel: Its Origins, Growth, and Prospects [J]. Journal of Palestine Studies, 1986, 15 (2).

第二节　修正主义思想与利库德集团

修正主义思想是犹太复国主义思想分化而来的产物，它在实践中不断发展和壮大。在雅博廷斯基的带领下，修正主义运动的影响力不断攀升，最终在特殊的历史背景下成为指导犹太人建国的重要思想之一。从历史看，利库德集团可以看作是贝塔尔青年运动的间接产物，而这一运动是由修正主义思想的代表人物雅博廷斯基所领导的。[①] 因此，对修正主义进行历史分析，可以更好地理解利库德集团在政治活动中所遵循的指导思想及其诸多决策的深层原因。在以色列政局中，利库德集团的修正主义思想极具辨识性，其遵循犹太人永久统治下的“大以色列”理念和军事斗争思想，简单地说就是以色列应通过军事斗争、殖民行动和其他途径来保卫自己完整的家园。[②] 在实践中我们还可以发现，利库德集团无论是历届领导人的意识形态倾向，还是对外政策的制定，都很明显地继承了修正主义的一些核心理念。

一、修正主义思想的主要成因

修正主义思想是犹太复国主义思想中的一个重要分支，也是犹太复国主义运动发展过程中的历史产物。在犹太复国主义运动极力争取犹太人国家的历史中，建国进程除了受到地区矛盾的冲击，还被大国关系的博弈左右。阿拉伯人的暴力对抗和西方大国为实现自身利益而不顾承诺的做法使得犹太人复国变得困难重重，原本主流的犹太复国

①② Elfi Pallis. The Likud Party: A Primer [J]. Journal of Palestine Studies, 1992, 21 (2): 42-48.

主义因此面临着复国者的质疑和挑战，修正主义思想应运而生。修正主义者反对过度受控于大国势力，反对将温和的谈判和外交作为主要的建国途径。鉴于不断涌入巴勒斯坦的犹太移民和愈演愈烈的阿以冲突，修正主义者要求通过军事斗争的强硬手段捍卫犹太人在“以色列地”上的权利。总体来看，修正主义思想的形成要归功于特殊的历史背景。

首先，早期的犹太复国主义运动在实现政治目标的过程中屡屡受阻，因此产生的内部分歧促成了修正主义思想的产生。可以说，修正主义最初只是一种批判政治犹太复国主义的思想，随后在雅博廷斯基的领导下形成了自己的体系。政治犹太复国主义拉开了犹太人重返家园的实践史，也使犹太复国主义运动受到了全世界的关注。但其寻求建国特许状的过程困难重重，通过外交手段建国已是奢望。赫茨尔曾先后向德国、土耳其、英国寻求外交帮助，试图借助大国力量实现建国目的，但犹太家园迟迟不见踪影，犹太复国主义运动也停滞不前。特别是《贝尔福宣言》在第一次世界大战后并未给犹太人带来所期望的收获，英国巴勒斯坦当局对犹太人建国的模糊态度使得犹太复国主义运动遭受了重大打击。因此，内部对领导者及其政策的批判接踵而至，矛盾主要集中在两点上：①领导者对于外部势力过度依赖与信任；②领导者一味试图通过保守和温和的外交手段达成建国目标。

修正主义及其领导者雅博廷斯基正是在这个背景下树立了自己的思想理念。值得注意的是，也正是因为这个特殊的背景，修正主义自诞生之初便具有明显的批判性和斗争性。

其次，外部国际局势的影响也是导致修正主义思想形成的主要因素。俄国是犹太问题最严重的地区之一，尤其是 20 世纪初爆发了几次针对犹太人的残酷屠杀和暴力活动，这彻底加重了所有犹太复国主义者对于其生存安全的担忧。加之欧洲反犹浪潮在 20 世纪仍未停息，第一次世界大战结束后欧洲仍有国家歧视或排挤犹太人，因此反犹主义的猖獗使得政治犹太复国主义的温和政策在残酷的现实下失去了凝聚力，修正主义的观念逐渐被人们认可。此外，奥斯曼帝国成为第一次世界大战同盟国时，雅博廷斯基立即意识到如果能将土耳其人从巴勒斯坦地区赶出，这将会是犹太人建国的一次重大机遇。第一次世界大战中两大阵营的战争结果直接关系到巴勒斯坦地区的实际控制权归于谁人之手。这片土地也许对于整个战争的得失而言微不足道，但是犹太人对“应许之地”的狂热使其密切关注战争可能会带来的红利。因此，雅博廷斯基以“解放圣地”为目标，开始投身于组建犹太军团的行动之中。[①] 在这个过程里，雅博廷斯基逐渐形成了自己特有的军事斗争思想，这也是修正主义思想的重要组成部分。国际局势的重大改变为犹太复国主义运动提供了新的历史机遇，雅博廷斯基也趁机开始联合其他修正主义者共同抵制主流犹太复国主义具有妥协性的建国理念，还在一定的共识下确立了修正主义思想的主要内容。[②]

总之，修正主义思想的形成是犹太复国主义运动内部矛盾、犹太人恶劣的生存状况和国际局势变化的共同结果。

二、修正主义运动的发展

修正主义运动的主要领导者雅博廷斯基是一个充满争议的人物，沃尔特·拉克将其称为“自由的无政府主义者”，他还被反对者们（主要是劳工犹太复国主义的领导者）视为法西斯主义者。[③] 客观地讲，雅博廷斯基对修正主义运动的贡献巨大，他不仅提出了修正主义思想的具体内容，还带领修正主义者在建立犹太国的道路上体现出了自己独

① Howard M. Sachar. A History of Israel from The Rise of Zionism to Our Time [M]. New York: Alfred A. Knopf, 2010.

②③ 沃尔特·拉克. 犹太复国主义史 [M]. 徐方等译. 上海：三联书店上海分店，1992.

一无二的价值。

雅博廷斯基出生于俄国敖德萨，在很年轻的时候便加入了犹太复国主义组织。1921 年曾被犹太复国主义者执行委员会任命为重要成员，他起初也同意在主流犹太复国主义者（政治犹太复国主义）的领导下工作，然而很快他就与这些人分道扬镳。他在谴责政治犹太复国主义者政治计划含混不清的同时，更谴责其对反抗犹太人进入巴勒斯坦的阿拉伯人采取过于温和的政策。

修正主义者的目标是领土和政治利益的最大化，其本身重视组织的纪律性，关注军事力量的现实作用。修正主义的名称来源是要求英国委任统治当局应“修正”其原有态度，承认犹太人在约旦河两岸的权益。在此基础上，修正主义者毫不妥协地要求巴勒斯坦地区必须由绝大多数的犹太人掌权，并且建立独立的犹太国家。同时期的主流犹太复国主义领导人在这些领土和政治问题上并不清晰，在他们看来讨论这个问题既不合时宜也毫无意义，因此更愿意在现存的英国委任统治体系下争取一个犹太人的民族家园，能够在巴勒斯坦与阿拉伯人分享土地就已经是犹太人的胜利。但这些对于修正主义者来说是无法接受的，雅博廷斯基认为这种所谓的民族家园概念只是一种想象而已，这种说法只是提出了一个犹太人占多数优势的一个民族国家。他要求的是犹太人应该决定这种民族国家的形式和发展方向，必须在巴勒斯坦地区建立殖民化的政体，开放约旦河两岸的土地边界以配合大规模的殖民进程。修正主义运动也因此不仅被主流的犹太复国主义者所谴责，在英国看来这也是一群狂热分子的异想天开。①

在这样的争论中，1923 年雅博廷斯基离开了政治犹太复国主义运动权力机构，同年出版了《铁墙》一书，这本书对修正主义思想进行了

① Christopher Sykes. Crossroads to Israel 1917-1948 [M]. Bloomington: Indiana University Press, 1973.

重要的阐述。雅博廷斯基在书中强调军事斗争的必要性，坚称犹太人对“以色列地”（即“应许之地”）拥有绝对的权利，坚决反对将以色列地分割，反对阿拉伯人在巴勒斯坦地区的存在，认为政治犹太复国主义者违背了犹太复国主义的最终目标。[①] 正如拉克所说，修正主义运动的诉求比其他任何犹太复国主义运动更早更清晰地发现了特定的现实基础，那就是没有绝大多数犹太人的存在，犹太家园便无法建立。在犹太人进入巴勒斯坦的过程里，即便是小规模的犹太人移民与定居也会招致阿拉伯人的对立，最终的解决方法只有一个，就是建立真正的犹太国家。[②] 从这个角度来看，也就不难理解为什么修正主义强调军事组织存在，关注军事价值。为了足以抵抗愈演愈烈的阿拉伯人暴乱，只有依靠犹太军队而非犹太工人和农民才能保证犹太国的顺利建成。

由于政治犹太复国主义者的打压，在巴勒斯坦地区的修正主义运动相对较弱。但是在年轻力量中，修正主义者简明和统一的立场受到了普遍的欢迎，贝塔尔青年运动便是在这一时期产生的。

雅博廷斯基随后带领修正主义者于 1925 年成立了“修正犹太复国主义者联盟”。虽然他一再反对政治犹太复国主义的目标与实现途径，但是犹太复国主义的主流意识形态依旧控制在左倾力量的手中。[③]

1931 年，雅博廷斯基成为贝塔尔运动的领导者，这个组织的青年人对他有着极高的思想认同和个人崇拜。同年，在巴勒斯坦犹太人生产组织代表选举中，修正主义政党力量展现了出来，获得了 23%的投票，成为第二大政治力量。由于理念差异，1933 年，雅博廷斯基宣布修正主义者们退出世界犹太复国主义组织。在雅博廷斯基看来，修正

---

① Jan Zouplna. Revisionist Zionism: Image, Reality and The Quest for Historical Narrative [J]. Middle Eastern Studies, 2008, 44 (1): 6-14.

② 沃尔特·拉克. 犹太复国主义史 [M]. 徐方等译. 上海：三联书店上海分店，1992.

③ Y. Shavit. Jabotinsky and The Revisionist Movement 1925-1948 [M]. London: Frank Cass, 1988.

主义者的目标无法在这个组织内获取认可，当权派稳固的地位太牢固了，他无法从其内部彻底改革犹太复国主义运动存在的问题，他需要将具有共同心理的人组织起来，才能实现修正主义者的目标。[①] 此时，雅博廷斯基完全巩固了自己在修正主义运动中的领导地位，带领修正主义运动走向了另一个新的阶段。从政治层面看，雅博廷斯基在 1933 年将绝大多数修正主义者带离了世界犹太复国主义组织，并在 1935 年建立了修正主义者自己的政治结构，称之为新犹太复国主义组织，这个平行的政治结构在 1946 年修正主义者重返犹太复国主义组织和参加犹太复国主义大会前一直发挥着自身作用。

自此，修正主义运动在雅博廷斯基的带领下正式成为犹太复国主义运动中独立的重要力量，它在组织上有了独立的构成，思想上树立了鲜明的旗帜，政治上开始与其他主流犹太复国主义形成鲜明的对立。修正主义运动不断发展的最大意义在于其启发了更多的犹太人建立多股具有修正主义思想的政治力量，而这些力量为以后利库德集团的建立奠定了现实基础。

三、利库德集团与“修正主义”

从犹太人地下武装力量伊尔贡和贝塔尔青年运动开始，修正主义者的主要力量又发起了赫鲁特运动，联合其他力量建立了加哈尔集团，直至最终成立了利库德集团。这个过程见证了以色列政局中右翼力量的扩大，也体现了修正主义思想对犹太人的渗透。犹太人在多年的建国过程中虽然取得了重大的成就，但更加认识到了所要面临的战争危机和难以调和的暴力冲突，这也是修正主义思想能够愈发壮大的现实因素。因此，利库德集团从思想渊源上看具有强烈的军事斗争色彩，

① 沃尔特·拉克. 犹太复国主义史［M］. 徐方等译. 上海：三联书店上海分店，1992.

从组织形成上看其建立者都是修正主义运动中形成的团体。在共同的意识形态下，修正主义者们才会为了统一的政治目标去建立利库德集团，以便将修正主义思想彻底融入以色列的国家行为之中。

利库德集团建立之初，便直接展现出其修正主义者的立场，声称犹太人对于“以色列地”拥有毫无争议的权利，西岸和加沙是以色列不可分割的一部分，“以色列地”的完整性是以色列领土中不容商议的核心问题。而对于如何实现这一目标，利库德集团则时刻保持强硬的外交作风，对巴勒斯坦人起义、暴力活动、恐怖主义势力一直以来采取坚决果断的武装打击，在巴以冲突的领土问题上立场顽固。利库德集团借助中东地区不断激化的巴以冲突和地区局势，宣扬其修正主义思想，其执政过程中往往强调犹太人和阿拉伯人之间的仇恨，从而赢得民众对其外交立场的认同。利库德集团在修正主义的引导下，外交实践中带有更多的意识形态色彩，直接影响了以色列的对外关系。例如对巴勒斯坦民众的态度、对巴以冲突的悲观和对以色列地的执着，这些都使得利库德集团执政过程中往往呈现出巴以和谈停滞，造成以美关系的阶段性滑落。

利库德集团与修正主义的密切联系具体体现在以下几个层面：

（1）政治重心倾向对外抗争。雅博廷斯基的政治重心很少涉及社会、经济问题，即使涉及，在对想要移民至巴勒斯坦的贫困家庭进行资助时，雅博廷斯基考虑的也只是如何占有更多的土地，而不是促进社会中劳工的分配和选择（那时只有健壮的年轻人才有资格被选作移民）。即使在几十年后，这种政治重心的偏倚依旧在党内存在。因此，当利库德集团在 1977 年首次掌握国家权力的时候，几乎没有人对于经济发展有所研究，更没有实际的利益存在，它不得不立即招来弗雷德曼修改它原有的经济政策。弗雷德曼的政策集中于外汇的自由贸易，缩减补贴，这使得通货膨胀迅速加剧，可见利库德集团在国内经济建

设上并没有经验。[①]

（2）坚持修正主义的政治目标。从政治目标看，利库德集团与修正主义之间具有最核心和最直接的联系。当1948年赫鲁特党在以色列第一次选举中竞选的时候，贝京便谴责本·古里安接受了联合国的分治计划。他认为祖先之地是不可分割的，如果不承认整个家园的所有权，那么任何一个地方的权益都是无法保证的，这一点同雅博廷斯基坚持的观点完全一致。

1973年，赫鲁特党联合其他政党组成利库德集团，利库德集团在政党宣言中重申了同样的立场：犹太人民对于"以色列地"的所有权是永久的且无争议的，这与其和平安全紧密相连。犹太人对约旦河西岸与加沙地带拥有绝对的权利，以色列必须坚持并实现这一目标。[②] 同样，1991年沙米尔在面对美国和谈压力之时，再次重申了自己的和谈立场，即约旦河西岸与加沙都是以色列不可分割的一部分，这是利库德集团致力实现的政党目标。[③] 至于极具右翼色彩的内塔尼亚胡，在其所著《在世界民族之林占有一席之地：以色列和世界》一书中明确表达了这一修正主义目标。

（3）坚持军事斗争的实现途径。任何一届利库德集团政府都呈现出了强硬的外交基调，即使迫于压力和出现分歧，也从未在核心目标上有过动摇，在实现途径上也部分地继承了雅博廷斯基的军事斗争方式。雅博廷斯基强调军事斗争在犹太建国进程中的唯一性，利库德集团也延续了这一传统。除了在定居点建设上投入巨大，利库德集团更坚持强化其执政时期的以色列军事力量，为实现目标而做好军事准备。从贝京开始，直至当今的内塔尼亚胡，其外交思想中显而易见地继承

①② Elfi Pallis. The Likud Party：A Primer［J］. Journal of Palestine Studies，1992，21（2）：7-14.

③ Colin Shindler. The Land Beyond Promise：Israel，Likud and the Zionist Dream［M］. London：I. B. Tauris Press，2002.

了雅博廷斯基的军事斗争理念。1982 年入侵黎巴嫩战争就表明了利库德集团宁可冒着直接的军事和政治风险，也不放弃主动使用武力来实现自己的政治目标。

（4）组织的继承性。从最初雅博廷斯基领导修正主义运动开始，随着犹太复国主义运动的内部矛盾和全球、地区局势的变化，修正主义运动直接或间接地促成了多个犹太人军事或政治组织。从利库德集团建立历史来看，其主要成员便是修正主义的继承者。从早期的地下武装组织伊尔贡，发展到后来的赫鲁特运动，再到赫鲁特组建加哈尔集团，直至最终利库德集团的形成，整个过程都可以发现修正主义继承者的努力。利库德集团第一任领导人贝京早期便加入修正主义派，随后加入伊尔贡，他在 1944 年掌权该组织。随着以色列的建立，右翼的旗帜由 1948 年建立的赫鲁特党接手并发扬推进。这个政党的领导人也是梅纳赫姆·贝京，而后来的加哈尔集团与利库德集团也是在赫鲁特党的发起下建立起来的。

由此可见，利库德集团是修正主义思想的历史继承者，在其组织建立过程、政党目标和执政特色上都很大程度上延续了修正主义的军事斗争思想和政治目标。

第三节　利库德集团的组织由来

利库德集团，在希伯来语中意为团结，是以色列政党中最具代表性的右翼力量，由具有革命精神的领导人梅纳赫姆·贝京于 1973 年联合多个政党所创立，随后也成为首个执政以色列的右倾政治力量。利库德集团的成立并不是偶然，而是以色列政党斗争和中东地区局势发

展的必然结果。随着以色列政局和外部环境的变化，相继出现了利库德集团建立的重要构成和组织基础。追溯其历史，利库德集团有着清晰的发展脉络。

一、赫鲁特党的奠基作用

赫鲁特，即自由运动党，在梅纳赫姆·贝京的领导下成立于 1948 年。从思想源头看，它是犹太复国主义中修正主义意识形态的继承人，自然也就是雅博廷斯基的思想继承者。赫鲁特党在加哈尔集团和利库德集团中一直都扮演着十分重要的角色，也是以色列建国后最主要的反对党之一，其政党理念与内部构成之间有着密切的联系。

赫鲁特党的大部分成员是前伊尔贡成员及其政策的支持者，这也就表明了赫鲁特党继承了军事斗争思想，政治立场上必然具有右倾的色彩。[①] 伊尔贡全称为伊尔贡·茨瓦伊·柳米，是英国委任统治时期的犹太人地下武装组织。这个武装组织是一部分哈加纳成员于 1931 年建立起来的，旨在反对哈加纳组织当时采取的被动性防御策略。

哈加纳形成于第三次犹太人大规模移民巴勒斯坦时期。第一次世界大战结束后，英国在巴勒斯坦地区开始委任统治，在《贝尔福宣言》的鼓舞下第三次犹太人移民巴勒斯坦浪潮开始形成。这一波移民抵达巴勒斯坦后，立即开始了有组织的建设活动，在贫瘠的土地上重新开垦、修建道路，强调自我牺牲和民族复兴的文化思潮更加激发了移民者建设“家园”的动力。随着犹太人移民建设的开展，阿拉伯人在土地危机和地区控制力流失的忧虑中对犹太人发动了暴力对抗活动，阻挠犹太人的生产建设。面对愈演愈烈的巴勒斯坦地区阿拉伯人起义活动，在未经过巴勒斯坦英国委任政府的许可下，1920 年 6 月巴勒斯坦

① 阿伦·布雷格曼. 以色列史 [M]. 杨军译.上海：东方出版中心，2009.

犹太工人总工会创建了致力于保卫犹太人定居点安全的秘密军事组织哈加纳。然而在随后的阿犹对抗中，为了不激化矛盾而失去英国委任当局的支持，哈加纳对暴乱采取了自我约束的做法。伊尔贡便是针对这个状况而创立的，其坚决要求对发动起义的阿拉伯人采取武装报复行动。巴勒斯坦犹太人权力机构坚决反对这种做法，英国委任当局也对其成员进行抓捕。尤其是在 1939 年英国发布“白皮书”之后，伊尔贡将英国委任当局也列入了打击的目标，认为英国也成为犹太人建国的阻碍之一。由此可见，赫鲁特成员具有强烈的军事斗争意识，十分强调武装斗争的重要性。[①][②]

1948 年，贝京在以色列建国时面临着他所不能接受的现实。1947 年，联合国大会通过分治决议，结束了英国对巴勒斯坦的委任统治，这片土地根据决议将诞生两个国家。本·古里安和其他犹太复国主义运动主要力量的领导人接受了分治安排。作为伊尔贡的领导者，贝京一直以来为了西岸等地区的收复战斗数年，这一现实的选择在贝京看来是对外部势力的妥协和投降，因为贝京认为犹太人需要的是整个“以色列地”的所有权。[③] 因此，以色列的独立对于贝京而言并没有完成，他呼吁应继续进行彻底的犹太人独立战争。

1948 年 5 月 15 日，贝京通过伊尔贡的电台发表声明，认为真正的独立只完成了第一步，追求独立的战争仍应继续。在此背景下，贝京于 1948 年在伊尔贡的基础上发起了赫鲁特运动（也称自由运动）。随后，修正主义者们齐聚特拉维夫，贝京在赫鲁特党成立大会上称其为修正主义者的继承人，抨击临时政府接受联合国分治决议的做法，

---

① Irgun Tz'va'i Le'umi（Etzel）［EB/OL］. http：//www.jewishvirtuallibrary.org/jsource/History/irgun.html.

② 1939 年，英国为安抚阿拉伯人和确保委任统治的稳定，发布了“白皮书”，限制逃往巴勒斯坦地区犹太难民的数量。

③ Colin Shindler. The Land Beyond Promise：Israel，Likud and the Zionist Dream［M］. London：I. B. Tauris Press，2002.

宣称今后将以赫鲁特为中心开始努力联合其他政党建立政府，到时新政府将取消分治决议，他还认为任何缩减犹太人主权范围的做法都是不被犹太人认可的。至此，赫鲁特作为正式的政治力量走上了舞台，但由于其对大以色列理念的追求，工人党等领导人往往对其表示谴责和质疑，将其视作极端民族主义的代表。1949 年，传统修正主义政党同赫鲁特一起联合参与了以色列第一届议会选举。赫鲁特作为最大的非社会主义者政党在选举中取得了 14 个席位，获取了 11%的支持率，在以色列政局中积蓄了一定的力量，为利库德集团的建立打下了最初的政治和组织基础，贝京本人也因为这次选举而成为修正主义力量的代表以及右翼势力的领军人物。①

二、加哈尔集团的产生

加哈尔集团是由赫鲁特党和自由党于 1965 年合并组成的政党联盟，是以色列具有代表性的中右翼力量。它的产生，是贝京试图改变以色列政党格局的一次尝试，也是组建利库德集团的重要阶段。

早在赫鲁特成立之初，贝京便指出将努力使赫鲁特党获取执政权。然而赫鲁特党在进入以色列议会的相当长一段时期内都只拥有很小的影响力。1961 年它仅赢得了议会的 17 个席位，贝京逐渐意识到赫鲁特党可能无力替代工党的地位，但他又急于改变工党联盟独大的以色列政局，因此便开始扩大赫鲁特党和联合工党反对力量。1955~1965 年，贝京首先争取与综合犹太复国主义者的联合。这一时期捷克与埃及的武器交易为两者的合作提供了现实背景，两者都要求以色列当局对这一状况采取即刻的军事行动。同时，苏伊士运河危机让两者也都

① Colin Shindler. The Land Beyond Promise: Israel, Likud and the Zionist Dream [M]. London: I. B. Tauris Press, 2002.

意识到以色列也应采取自己的主动措施来保证国家安全。在此背景下，赫鲁特党和综合犹太复国主义者共同为联合做出了努力。①

综合犹太复国主义者联合自由派、进步派组成自由党，并参与了1961年议会选举。虽然取得了17个席位，但仍被工党排斥在统治联盟之外。1963年，经过赫鲁特党内剧烈争论后，贝京决定带领赫鲁特党同综合犹太复国主义者一起加入由工党控制的以色列总工会。贝京所宣扬的平民主义和爱国主义对于50年来新移民中的工人具有巨大的吸引力，他要求采取国家减税、提高就业率、发放失业保险等措施惠及这些群体。因此在1965年犹太总工会选举中，赫鲁特和自由党联盟获得了这些人的巨大支持。为了获取更广泛的支持，赫鲁特不断要求政府采取积极的经济政策，而自由党内部越来越多的人也开始看好与其联合的远景。1965年，基于对政治权力的共同追求，贝京同自由党最终在选举前共同组建了赫鲁特—自由党联盟，即加哈尔集团。②

加哈尔集团的诞生，意味着以色列政局中右翼力量的壮大，右翼集团在未来的权力比重也将变得乐观。贝京领导的赫鲁特赢得了越来越多的中产阶级的支持，在未来不断组建新力量反对工党的过程中也有了更广泛的群众基础。同时，工党对于以色列政局的控制力随着国际形势的变化也显得后劲不足，这最终为利库德集团的产生提供了契机。

三、利库德集团的成立

利库德集团的诞生与以色列的外部局势以及工党的政党政策紧密相关。

首先，第三次中东战争后，关于领土的意识形态争论再次浮现了

---

①② Colin Shindler. The Land Beyond Promise: Israel, Likud and the Zionist Dream [M]. London: I. B. Tauris Press, 2002.

出来，促使了反对工党联盟者进行联合。

其次，本·古里安卸任后，其继任者列维·艾希科尔并没有延续本·古里安的政党政策，他反而试图将巴勒斯坦工人党和赫鲁特党的敌对关系正常化。虽然本·古里安依旧抨击贝京的修正主义意识形态，但艾希科尔具有自己独立的政党观念。他不仅同意将雅博廷斯基的尸骨运回国内，还对赫鲁特党表现出温和的合作态度。这一转变，使得赫鲁特党的地位在以色列的普通民众心里进一步得到认可。

最后，"拉冯事件"后工党联盟内部出现了分裂，外部也因此产生了更多的反对者，而第三次中东战争的爆发又加速了这一进程。[①] 与此同时，艾希科尔的继任者梅厄夫人随后又引发了党内关于巴勒斯坦人权利的争论，她与贝京一样有着流散犹太人的成长经历，因此这使得她内心实际上更倾向于"以色列地"的理想，也就是不承认巴勒斯坦人的存在。[②]

加哈尔集团诞生之初在议会中仍旧显得力量薄弱，1965 年议会选举中赫鲁特与自由党一共仅获 26 席，1969 年作为一股正式的政治力量参与选举也仅获 26 席。在 1970 年前后，工党分裂与重组的进程已经开始。贝京便试图趁政治局势变化和六日战争后工人运动中出现的意识形态重组之机，在加哈尔集团的基础上再建立起一个以右翼势力为主的政党联盟。经过工党联盟反对者的共同努力，利库德集团最终在 1973 年成立，当时利库德集团是一个包含中右翼力量的政党联盟，由加哈尔集团、拉菲派、国家名单党、自由党、自由中心党和以色列地运动党构成。自利库德集团诞生起，它致力于追求自由平等的社会结构与开放的经济，虽然在领土范围上内部成员意见或有分歧，但都

① 拉冯事件，即以色列特工在埃及策划一系列恐怖活动失败后被捕，以色列国防部长拉冯因此下台。

② Colin Shindler. The Land Beyond Promise: Israel, Likud and the Zionist Dream [M]. London: I. B. Tauris Press, 2002.

强调对“以色列地”的完整拥有。[①]

1973 年的议会选举中，利库德集团脱颖而出，一举获得了 30.21% 的支持率，工党联盟获得 39.65%的支持率，这标志着利库德集团开始具有了替代工党联盟执政的可能性。也许在利库德集团成立时，这个新联合体的力量还不足以改变当时的选举形势，但在此后以色列国内外局势发生重大转变之时，以色列民众已经开始思考执政的工党或许不一定是他们唯一的选择。[②]

① Colin Shindler. The Land Beyond Promise：Israel，Likud and the Zionist Dream［M］. London：I. B. Tauris Press，2002. 例如贝京领导的赫鲁特党除了对以色列地有权利要求外，还强调在安全需要下领土范围的扩张。但自由党认为以色列地理应完整，但是对于西奈和戈兰高地并不一定要采取占领策略。

② Colin Shindler. The Land Beyond Promise：Israel，Likud and the Zionist Dream［M］. London：I. B. Tauris Press，2002.

第三章　首次执政的利库德集团与以美关系

以色列建国后至利库德集团首次执政期间，以色列政局完全由工党掌控。在此期间，阿拉伯国家和以色列之间爆发了四次大规模战争，巴以和阿以矛盾不断被激化，中东局势也在美苏争霸的背景下暗藏危机。以色列始终被无法预计的安全威胁所困扰，处于周围敌对国家环绕的恶劣环境中，而阿拉伯国家则长久沉浸在领土丧失和战争失败的屈辱及愤怒之中。在这个历史进程中，以美关系则随着美苏争霸态势、美阿关系变化逐渐深化。尤其是在第二次中东战争后，美国为了遏制阿拉伯激进民族主义和苏联势力的扩张，逐渐将以色列视作重要的战略支点。第四次中东战争后，以色列强大的战力和特殊的地缘战略作用使美国将以美特殊关系完全确立了下来。总体来看，利库德集团首次执政前以美关系从冷淡逐渐走向成熟和稳固。

随着以色列安全环境的变化和工党执政的失误，以色列右翼势力终于在多年的努力后走向了最前台，并最终由贝京打开了利库德集团执政的历史序幕。贝京由于其长期以来在修正主义运动和组织中的个人经历，他极力维护修正主义思想。因此，在外交实践中，贝京有其明确的强硬立场和观点，这与美国的中东政策形成了一定的分歧。在第四次中东战争后，石油危机使得美国调整中东政策的迫切性更加突出，但同时美国为了排除苏联影响而与以色列建立了全面的战略关系，这是美国对以色列战略地位重新定位的延续，也是继承艾森豪威尔主义的体现。[①]在贝京巩固利库德集团政权和美国调整中东政策的过程中，贝京不仅能够坚持其特定的修正主义立场，也能为以美关系的发展做出妥协。以埃和平的实现，是贝京不失其信仰下的巨大贡献，黎巴嫩战争的爆发则是贝京时期修正主义思想的最直接体现。总体而言，基于彼此无可替代的战略地位，以美关系在摩擦中依旧稳步发展，并随着美国对中东事务的参与程度而不断提升。

第一节　首次执政的贝京

1977 年的以色列大选可以看作是以色列政局的一次巨大转变，这一年梅纳赫姆·贝京所带领的利库德集团掌控了以色列的军政大权。自这个犹太国家成立以来，任何一届政府都是由工党领导组织的。此次大选之前，几乎所有人都认为利库德集团对于占绝对优势地位的工党联盟没有任何威胁。因为在 1969 年大选中，作为利库德集团前身的加哈尔集团仅仅获得了以色列议会 120 个议席中的 26 个，而工党联盟则获得了 56 个席位。[②]同时，工党执政时期的以美关系也发展良好。因此，1977 年利库德集团的胜利不仅仅只是一次惊人的政治变革，更是利库德集团掌控以色列政权的开端。1981 年，利库德集团仍旧赢得了大选。1984 年，利库德集团则差一点击败工党，与其共同组成了联合政府。深入看，这是以色列政治右倾的正式开端。贝京自此开始全面

① 李伟健. 以色列与美国关系研究［M］. 北京：时事出版社，2006.

② Don Peretz，Sammy Smooha. The Earthquake：Israel's Ninth Knesset Elections［J］. Middle East Journal，1997，31（3）：251-253.

实践其修正主义思想，利库德集团也是从这时起开始直接影响以色列的对外决策和以美关系。①

一、利库德集团首次执政前的以美关系

（一）工党时期以美关系的发展

1929 年，工党在巴勒斯坦地区原有的犹太工人总工会的基础上正式建立。工党在以色列建国前就已在犹太人中形成了绝对的影响力，自建国开始直至 1977 年间都连续执政以色列。整体来看，工党领导下的以色列通过四次中东战争占领了大片土地，因此在阿以争端的立场上工党与利库德集团存在一致性，但对于领土扩张的愿望却不及利库德集团。② 相对于利库德集团而言，工党是一个较“温和”的政治力量，因此以美关系在工党时期呈现出持续的上升状态。

20 世纪 60 年代以前，以美关系相对冷淡。虽然美国是最早承认以色列的国家，但杜鲁门和艾森豪威尔时期美国专注于筹组地区军事联盟、拉拢阿拉伯国家，重点阻止苏联势力进入中东地区，因此美国真正的意图只是希望维持以色列的存在，以制造介入巴勒斯坦问题的机会，进而插手中东事务。加之工党起初试图在美苏之间寻求平衡而不愿全面倒向任何一侧，因而以美互动此时主要以非官方的民间交流为主。同时，美国对以色列的援助也停留在较低的水平，并且不断拒绝以色列购买先进武器的请求。从战略角度看，阿拉伯国家对于美国的重要性此时远远大于以色列，美国在中东的地区影响力此时也略显不足，处理中东事务的经验也不够，以美关系的发展必然受限。总之，以美关系在这些背景下呈现相对冷淡的状态，甚至美国往往会使用制

① Mark Tessler. The Political Right in Israel：Its Origin，Growth，and Prospects ［J］. Journal of Palestine Studies，1986，15（2）：12-13.

② 高博. 以色列的两大政治集团［J］. 国际研究参考，1992（2）.

裁等强制手段来逼迫以色列屈从于其中东政策。①

尽管起初并未受到美国足够的重视，但以色列为了保证在阿以冲突中能够生存下来，最终还是选择了与美国站在一个阵营之中。艾森豪威尔在其第二任期内不再将以色列只视作战略负担，以美开始互相接近。肯尼迪入主白宫之后，以美关系逐渐加深。究其原因，是美国参与中东事务的程度发生了变化所致。苏联在 20 世纪 60 年代加紧了对阿拉伯国家的军售，其在中东地区的影响力攀升，也打破了阿拉伯国家与以色列之间的军事平衡。因此在肯尼迪和约翰逊时期，以美关系开始加速发展。1962 年，美国向以色列出售霍克防空导弹，这一里程碑事件标志着以美关系的转变。梅厄夫人主政期间，肯尼迪主动提出美国将为以色列提供安全保证。1967 年的中东战争也帮助美国真正转变了对以色列的态度。战争中以色列军事能力的出色表现以及美国安抚阿拉伯国家政策的失败，使得以美关系逐渐变得紧密。②

20 世纪 60 年代末开始，以美战略合作出现了巨大进展。1970 年的约旦危机中，以美双方开展安全合作，共同迫使叙利亚撤出了所占领土。此后，美国与以色列的战略合作全面展开，体现在美对以军援的增加上。为了制衡苏联对阿拉伯国家的援助，美国在 1967~1972 年间向以色列提供了大约 27 亿美元的援助。在第四次中东战争中，美国不惜代价向以色列提供了巨大的军事援助，最终帮助以色列反败为胜。从根源来看，美国在尼克松时期认可了以色列无可取代的战略价值，在拉拢阿拉伯国家失败后，他选择支持以色列使阿拉伯国家意识到美国的地区影响力，因而以美关系在利库德集团执政以色列以前便进入了成熟期，并在之后维持着稳定的战略合作关系。③

---

① 王京烈. 美国中东政策的演变与发展［J］. 西亚非洲，1993（4）.

②③ 李伟健等. 以色列与美国关系研究［M］. 北京：时事出版社，2006.

综上所述，以美关系在1977年从冷淡期迈进成熟期，工党执政时期的以色列为以美特殊关系的良性发展打下了坚实的基础。随着以色列国内政治的变化和调整，加上地区政治环境的演变，利库德集团开始取代工党执政以色列，以美关系也由此出现了全新的变化和内容。

（二）工党与利库德集团的主要差异

工党与利库德集团的差异首先体现在意识形态源头上的不同。在上一章已经做过详细的分析，利库德集团是犹太复国主义运动中修正主义思想的继承者。相对而言，工党主要继承了劳工犹太复国主义的思想，意识形态中具有一定的社会主义理念。

从历史上看，随着巴勒斯坦地区犹太移民浪潮的发展，犹太人在这一地区的生产建设活动也逐渐掀起了高潮。逐渐兴起的生产建设活动促成了许多犹太人建设和政治组织的产生，犹太工人总工会和农业合作组织“基布兹”成为了巴勒斯坦地区犹太人中最具有威望的两大团体。这两个组织是由工党早期领导者们所建立的，因而工党早期具有绝对的民众优势，这也是为何以色列建国后相当长的时间内都是由工党组织政府的原因。工党带有社会主义思潮的意识形态决定了其对生产和发展问题的侧重，虽然中东战争屡次爆发，但工党政府并不是被某种意识形态所引导而主动采取战争行为。在大部分相对和平的时期，工党政府也并不过多地去强调阿以和巴以冲突的首要性，而是集中精力提升以色列的经济和生产，相应地也会在执政策略上更加务实。

由于工党与利库德集团意识形态本源不同，两者在对外政策上也产生了巨大的差异，主要体现在以下几方面：

第一，对于和平与安全的看法不同。从第四次中东战争后的阿以和巴以关系发展来看，利库德集团更为强调的是安全，坚持安全才是和平的前提，因此往往对和平进程本身并未投入太多的精力，和谈中也很难妥协。而工党政府则更看重和平，历史上拉宾政府的举措便是例证，工党在这一时期一举将巴以矛盾的诸多关键问题摆在了桌面上，并且取得了实质性的成果。相反的是，在贝京政府对阿以和平做出巨大贡献之后，利库德集团所组建的政府在和平问题上几乎再未取得令人欣喜的成绩。从沙米尔直至当下的内塔尼亚胡，利库德政府全力追求战略安全，大力发展军事力量并打击敌对势力，往往激化了巴以、阿以冲突，最终使巴以、阿以和平的未来愈发模糊。

第二，对于巴勒斯坦人的态度不同。这一差异源自于双方完全不同的执政理念，工党的对外政策更加务实，利库德集团则更易受意识形态影响。在这一背景下，工党政府对于巴勒斯坦阿拉伯人的态度相对更为理性，在追求和平的大趋势下甚至在一定程度上接受巴勒斯坦建国。而利库德集团始终坚持的是“大以色列”理念，即绝不承认巴勒斯坦国在其“应许之地”上的存在。

工党与利库德集团意识形态和政策差异导致了以色列对外关系的调整与变化，在下文各章节中将进一步细分和详述。

二、1977 年利库德集团大选胜利的主要因素

1977 年利库德集团之所以能够赢得大选，是中东局势、美国中东政策和以色列国内状况的共同结果。详细看，利库德集团取得大选胜利有以下几个主要因素：

（一）第四次中东战争与工党的决策失误

1967 年第三次中东战争后，以色列侵占了阿拉伯国家的大片领土并与阿拉伯邻国处于长期的军事对峙。为了洗刷这次战争的耻辱，埃及率先谋划对以战争。战争前，埃及于 1972 年 7 月单方面结束了苏联军事顾问和专家的援助，清除了苏联对其反以战争的干预，同时又积极争取阿拉伯国家对发动战争的支持。然而工党政府却一直处于麻痹状态之中，认为阿拉伯人不可能主动进攻。在缺乏战争准备的情况下，

工党的重大决策失误使以色列在第四次中东战争初期陷入危机，人员伤亡和物资损失惨重。[①] 如果不是美国及时援助，战争很可能就是另一种结果。因此，这次战争使工党失去了执政的公信力。加之战争后政府内部对于战争责任的相互推诿和争论不休，以色列民众对于执政者在战争中和战争后的表现都极为不满。实际上在 1973 年 12 月的以色列议会选举中，工党自建国以来无可比拟的政治公信力已经开始动摇，只是民众在战火刚刚停熄后没有精力也没有时间去完成一次政局的改变，工党联盟才得以保全其领导地位。

（二）以色列经济的持续恶化

民众对于工党的国内政策抱有强烈不满，其中工党联合政府时期的经济政策显得最为失败。据相关民意调查显示，81%的调查者对于工党联盟的经济管理极其失望。[②] 第四次中东战争后为了与埃及和叙利亚的军事力量制衡，工党政府的军事预算翻了一番。1976 年，军事预算已经占据了以色列国民生产总值的 47%，许多从事其他行业的以色列人全部投入到了军事发展的建设之中。同时，油价和进口货物价格的飙升加剧了以色列的财政赤字，1976 年以色列财政赤字高达 40 亿美金，1973~1975 年的通货膨胀率也从 30%一路上升到 40%。[③] 恶劣的经济形势下，以色列民众的生活水平得不到提高，整个经济建设处于低迷状态。

（三）工党执政丑闻频发

工党爆出的经济丑闻扰乱了党内政治，加剧了人们对经济状况恶化的愤慨，工党民众支持率迅速下滑。工党对于公共资金的滥用在

① 赵伟明. 中东问题与美国中东政策［M］. 北京：时事出版社，2006.

② Efraim Torgovnik. Likud 1977–1981：the Consolidation of Power［M］. in Robert O. Freedman，Israel in the Begin Era New York：Praeger Publishers Inc.，1982.

③ Howard M. Sachar. A History of Israel from the Rise of Zionism to Our Time［M］. New York：Alfred A. Knopf，2010.

1967~1977 年间曾数次被揭露出来，例如相关官员因收受贿赂而轻易改变资金在经济发展中的合理分配。除此之外，伊扎克·拉宾在大选前两个月时承认了其妻子在华盛顿拥有一个外汇银行账户，而拉宾也是这个账户的联合签署人，这在当时是违背以色列货币法的。[①] 在此之后，他辞去了政党领导人的职务，并主动卸任总理。最终，工党出现了领导人的信任危机和党内的政治混乱。这些直接导致了公众对于工党执政能力的质疑，认为或许以色列应该到了一个权力转换的节点。

（四）工党政府领土政策的影响

工党政府的领土政策也是这次选举产生颠覆性结果的原因之一。20 世纪 70 年代，经济原因促使工党政府无法将所占领土主动分割，因为所占领土可以为以色列的经济发展提供很好的物质基础。这些地区随着贸易往来的扩大逐渐成为了以色列最主要的货物消费地区，以色列 16%的出口货物都是在所占领土上消化的，其出口量超过了对英与对德的数量总和，甚至接近整个美国市场的一半份额。实际上在第三次中东战争后，有人曾猜想以色列将会归还大部分的所占领土以求阿以和平，但阿拉伯国家和以色列并未在领土问题上有过任何接触。虽然拉宾在当时仅代表工党小部分人的立场，但是他仍促使联合政府支持以色列与约旦将所占西岸领土共同瓜分的“阿龙计划”。因此在所占领土上，他仅根据该计划进行西岸定居点的建设活动，计划中的定居点建设范围和规模都极其有限。但与此同时，犹太人定居点却在所占领土上自发地壮大起来，这就形成了政府与民众之间的直接矛盾，工党政府还因此遭到了宗教党派的反对。[②]

① 阿伦·布雷格曼. 以色列史［M］. 杨军译. 上海：东方出版中心，2009.

② Howard M. Sachar. A History of Israel from the Rise of Zionism to Our Time［M］. New York：Alfred A. Knopf，2010.

（五）利库德集团的民众基础

1973年议会选举之后，利库德集团已成为具有绝对实力的第一大反对党。很显然，利库德集团的政治诉求在以色列民众心里越来越被认可。这些人的大部分是这个国家的青年力量，具有强烈的革命和斗争意识，他们面对阿以冲突往往表现得更加激进。因此在选举的过程中，他们对利库德集团的支持要远远高于对工党的投票数。与此同时，“塞法迪犹太人”也是另一个支持利库德集团的重要力量，他们中一大半的投票都给了利库德集团。截至1977年，他们已经几乎占据了以色列所有犹太人数量的一半。但在他们看来，工党政府更重视“阿什肯纳兹犹太人”的生活，他们仍旧是被歧视的群体。[①] 除此之外，利库德集团对于阿拉伯人的强硬态度也顺应了以色列“塞法迪犹太人”和相对贫穷的犹太人的心理。据相关调查表明，“塞法迪犹太人”相对于“阿什肯纳兹犹太人”而言对阿拉伯人更怀有敌意和偏见。[②] 以上两点原因，促使“塞法迪犹太人”支持利库德集团执政。总之，单纯从以色列民众的数量来看，利库德集团当时实际上已经被绝大多数民众所认可了。[③]

（六）利库德集团的政治攻势

赎罪日战争从被动到主动，从国家安全危机到战争胜利，以色列在这一过程里损失惨重。战争一结束，贝京就一直质疑为何在战争爆发前工党无所作为，并要求梅厄夫人辞职，要求工党追究战争责任，并公开宣称这个国家的安全在腐坏的工党手中是得不到任何保障的。虽然工党联盟继续执政并且战争也取得了胜利，但却无法有效消除民

① 阿什肯纳兹人，在以色列概指欧洲的犹太移民。塞法迪人，在以色列概指来自于阿拉伯国家的犹太移民。

② Michael Curtis and Mordecai Chertoff. Israel：Social Structure and Change［M］. New Brunswick，N.J.：Transaction Books，1973.

③ 阿伦·布雷格曼.以色列史［M］. 杨军译. 上海：东方出版中心，2009.

众对梅厄夫人和达扬的不满，战后追责声绵延不绝。贝京此时在工党遭受质疑的背景下积极宣扬利库德集团的执政方针，继续开展进一步的政治攻势。在1977年选举中，利库德集团首先表明了经济改革的决心，声称将致力于加快城市建设，提高工人阶级的居住环境，这使犹太人中占绝大多数的贫穷民众对利库德集团的经济政策非常认同。同时，利库德集团还提出了具有意识形态特色的对外政策，即坚决维护犹太人对“以色列地”的永久权利，确保在约旦和地中海之间仅存在一个犹太人的国家。在第四次中东战争后，利库德集团对于“以色列地”的绝对追求和对安全的极度关切同民众对于阿拉伯世界的仇恨和恐慌很好地融合在了一起。利库德集团对外政策的军事斗争性让民众觉得它来执政可能会更符合以色列当前的需要。很显然，利库德集团通过政治宣传取得了绝对的选举优势。

在以上主要因素的综合作用下，1977年5月17日，梅纳赫姆·贝京领导下的利库德集团赢得大选，带领以色列进入了一个新的历史阶段。在具有历史意义的第九次以色列议会选举中，利库德集团取得了43个席位，而工党只获得了32个。利库德集团自此在以色列对外决策层面拥有了绝对的话语权，在随后执政中直接影响着以美关系、巴以和平以及地区局势的发展轨迹。

三、贝京对“修正主义”思想的维护

（一）个人经历塑造贝京的修正主义思想

梅纳赫姆·贝京1913年出生于波兰，18岁起便参加了犹太复国主义运动。德国入侵波兰后他逃往苏联，由于从事犹太复国主义运动而被囚禁，德国入侵苏联后其获释并进入巴勒斯坦地区。在巴勒斯坦，贝京成为了雅博廷斯基的追随者，参加了多个地下武装组织，与阿拉伯人展开激烈的武装斗争。基于其波折的人生经历，在执政心理上梅纳赫姆·贝京是一个将历史与现实相连接的人。例如，他在不止一种场合曾表示过黎巴嫩所发生的战争是克服赎罪日战争所造成的心理创伤的有效途径。因为在他所成长的时代里，大屠杀这一可怕经历成为了贝京理解当代政治事件的个人逻辑，所有的敌人和对手在其理解中都被界定为纳粹的化身，对此所进行的军事斗争就成为了理所应当的必然选择。①

梅纳赫姆·贝京在政治生涯中一直为了实现修正主义的政治诉求（拯救"以色列地"）而四处拉拢反对工党的势力。从其最初作为贝塔尔青年运动的领导者，并指挥英国委任统治时期的地下武装力量进行活动来看，修正主义者的特点伴随着贝京早期的经历不断巩固了下来。随后也是在修正主义思想传统的引导下，他一步步促成了利库德集团的诞生。

（二）贝京反对工党"妥协"

1970 年 8 月，工党联合政府宣布通过了"罗杰斯计划"并承诺履行联合国 242 号决议中以色列军撤出在最近战争中所占领土的责任。随即，贝京便带领自己的政党退出了联合政府。对于贝京这样一个修正主义者而言，在"以色列地"的问题上无论是现在还是未来都不容许有任何的妥协。针对工党的这种"妥协"思想，在准备 1977 年大选的过程中贝京及其同僚简明扼要地阐述了其修正主义的思想，那就是犹太人民对于"以色列地"的权利是永恒且不可分割的，在地中海和约旦之间仅能够存在犹太人的主权，这也是贝京作为国家元首和利库德集团领导人所坚守的承诺和底线。②

① Colin Shindler. The Land Beyond Promise: Israel, Likud and the Zionist Dream [M]. London: I. B. Tauris Press, 2002.

② Howard M. Sachar. A History of Israel from the Rise of Zionism to Our Time [M]. New York: Alfred A. Knopf, 2010.

（三）贝京的政治智慧

贝京不仅仅继承了修正主义者的意识形态，在利库德集团执政过程中他也为修正主义事业学会了相应的妥协，在首次执政过程中为了保证利库德集团的执政合法性他也做出了大胆的尝试。在取得选举胜利后，贝京很快就任命摩西·达扬为外交部长，这不仅体现了贝京的政治智慧，也凸显了他对发展利库德集团的野心。达扬曾是工党的一名重要成员，他和梅厄夫人共同承担了战争结束后民众的声讨和谴责，在赎罪日战争结束后黯然离开了自己的职位。达扬担任国防部长时期对于领土问题就坚持极具个人色彩的政策。在他看来，对于以色列安全需要来说是不存在一个确切的地理边界的。他坚持应将巴勒斯坦人纳入到每一次谈判之中，进而最后找到其实现自治的多种方法，而不仅仅是领土上的谈判和退让。对于达扬的任命，贝京是有诸多考虑的。在国内政治层面，任命达扬作为外长可以看作是一种使利库德集团执政合法化的现实推力，仿佛利库德集团继承了以色列之前的辉煌历史，使得政治舆论进一步有利于利库德集团。[①] 同时对于国际舞台而言，这个不为人熟知的新政权任用达扬可以淡化其负面形象。因为在外界眼中，这个政权是被右翼激进分子和曾参与过恐怖活动的成员所掌控的。

达扬选择支持利库德执政，除了自身政治处境艰难之外，也是因为曾得到了贝京对其立场的口头承诺：以色列只要和阿拉伯国家能够有机会谈判，就不会在有争议领土上行使“主权”（主要是定居点建设）。然而在胜选后，贝京立即修改了他对达扬的私人承诺，声称只有当以色列与阿拉伯国家处于和谈状态时，才不会在争议领土上行使主

---

① Colin Shindler. The Land Beyond Promise：Israel，Likud and the Zionist Dream［M］. London：I. B. Tauris Press，2002.

权。在达扬看来，与巴勒斯坦人完全可以达成某种协定而实现自身的和平，甚至存在双方可以共存且各自拥有独立主权的可能性。这一点是贝京绝不可能接受的，即使最初在私下表面上赞同了达扬的看法，他也未在任何公开场合宣布过此类观点。因为在贝京心中，甚至还存在着一个可能根本无法完成的目标，即雅博廷斯基修正主义派的构想：约旦河两岸都应属于犹太人的国家。[①]

从以上这些方面我们可以发现，贝京可能会因为现实而做出灵活的调整，但他自身的意识形态是根深蒂固的，他无论在任何时候都要维护修正主义传统。因而在日后的外交实践中，他也同样会保持相应的立场。利库德集团的执政，将修正主义的旗帜彻底树立了起来，贝京将坚定地沿着这条道路走下去。由于意识形态因素的影响，贝京政府在外交领域倾注了更多的精力。在外交实践中，他的意识形态因素所塑造的原则和立场最为明显，对于阿以双方和以美关系造成了深刻的影响。

四、贝京执政中的对外政策

贝京在执政期间，很好地保证了利库德集团的公信力。贝京留下的最大政治成就应该是与萨达特签署的和平条约。虽然根据现实情况他有所妥协，但贝京始终将利库德的“大以色列”理念坚持到底，定居点建设也从未因为和平谈判进程而放弃。他为谈判设置重重障碍，一直不断强占巴勒斯坦人的土地，扩建和增设犹太人定居点。他用暴力镇压被占领地区阿拉伯人的反抗斗争，甚至公然谋杀西岸的巴勒斯坦领导人。[②] 以美关系在这一时期虽有摩擦，但稳定发展。

---

① Colin Shindler. The Land Beyond Promise: Israel, Likud and the Zionist Dream [M]. London: I. B. Tauris Press, 2002.

② 苑垠，东文. 贝京——中东风云中的反角 [J]. 世界知识，1980 (23).

（一）领土政策

在领土问题上，利库德集团从诞生开始便与工党有着鲜明的对比。利库德集团之所以能够获取支持，就是由于其在领土和定居点建设上的强硬态度与阿以冲突烈度的增强相一致。无论在任何时候，贝京和利库德政权不断地使有争议土地掌握在以色列的实际控制下，始终将加沙和西岸地区视为不容谈判的内容。在阿以冲突的解决中，贝京从不使西岸和加沙有一丝可能纳入谈判之中。贝京认为他的定居点和领土政策是其遵循圣经指示的选择，即犹太人有权定居在“以色列地”的任何部分。在通过战争收回具有“历史权利”的领土之后，定居活动势在必行，借此还可以直接削弱阿拉伯人对土地的控制力，最终实现对被占领土的“吞并”。

以色列在以埃和约签订后解除了西面的巨大威胁，其他阿拉伯国家又无法形成统一的力量，加上美国对以色列的巨大援助，贝京有足够的政治和经济条件开始巩固对被占领土的控制，在约旦河西岸和加沙地带不断增建定居点。据统计，在贝京执政期间前后共计建设了 80 多个定居点，3 年多的时间内所建定居点的数量已接近历届工党政府 1967~1977 年 11 年间的数量（96 个）。[①]

（二）对巴政策

在对待巴勒斯坦人地位的问题上，他坚持三个原则：不主动面对巴勒斯坦问题，不同所谓的巴勒斯坦人民代表组织沟通，绝不承认巴勒斯坦人的民族自治权。具体表现为：

（1）在埃以和谈前，贝京便有意忽略巴勒斯坦问题，和谈中则刻意逃避解决巴勒斯坦问题。早在当选为以色列第一届议会议员时，贝京就开始反对 1947 年的分治决议，并认为工党接受这一安排是错误的

① 仲冬. 贝京的窘境：大选前的以色列［J］. 世界知识，1981（11）.

选择。因此，贝京即便在埃及主动抛出和平意图时仍旧只强调与埃及、约旦等邻国的谈判问题，而唯独忽略了巴勒斯坦问题。[①]

（2）在贝京的认知中，巴勒斯坦解放组织被看作是一个彻底的恐怖组织，这一点从利库德竞选宣言的相关内容可以清晰地看到。宣言明确指出，巴解组织并不是一个民族解放运动组织，而是作为政治工具和武装力量服务于阿拉伯国家的谋杀组织，是苏维埃帝国的工具，利库德政府将尽全力消除这个组织。[②]

（3）贝京从未认同过埃及和美国所定义的巴勒斯坦人的民族权利，更不存在巴勒斯坦国的所谓主权。1977 年，贝京首次表达了他对西岸自治问题的态度，他认为“自治”应该保留以色列在该地区的军政权力，以色列也不会因此放弃在该地区的定居点建设活动。[③] 同年 12 月，贝京又提出了自己的巴勒斯坦自治计划，该计划中将“巴勒斯坦国”的主权问题排除在外，被占领土的核心权力仍旧由以色列掌握，而被占领土上的巴勒斯坦人必须选择加入以色列或约旦籍，实际上并不具有民族权利。[④]

（三）对美政策

在定位以美关系中，贝京延续了尼克松时期以美战略合作的态势，将美国视作以色列最重要的战略依靠，并在此基础上根据美国的需要及时调整对外关系。贝京执政初期，以色列处于美国推动中东和平进程的大势中，埃以和谈的最终完成是根植于以美关系之中的。为了以美关系的稳定，埃以和谈中贝京妥协于美国的施压便是以美特殊关系

① 李洁宇. 论以美特殊关系的根源——以色列总理决策的“理性”成因［M］. 上海：上海交通大学出版社，2012.

② Colin Shindler. The Land Beyond Promise：Israel，Likud and the Zionist Dream［M］. London：I. B. Tauris Press，2002.

③ Ilan Peleg. Begin's Foreign Policy，1977-1983：Israel's Move to Right［M］. New York：Greenwood Press，1987.

④ Colin Shindler. A History of Modern Israel［M］. Cambridge：Cambridge University Press，2008.

的体现，很大程度上埃以和谈的实质是美国根据自身需要所促成的埃以和平。但值得注意的是，无论在卡特还是里根执政时期，贝京虽然首要考虑以美关系，但绝不会因此而放弃意识形态所限定的原则。从以色列和谈后的对外实践来看，贝京并没有因推动以美关系而在意识形态原则上有实质性的退让，黎巴嫩战争与摧毁伊拉克核反应堆印证了这一点。

总而言之，在外交中贝京对所占领土、巴勒斯坦人民族权利和以美关系的立场比较稳定，且受意识形态影响较大。这些方面都在戴维营谈判的整个过程中充分体现出来，由此而产生的影响也可以视作贝京时期以美关系的发展动力和阻碍因素。

第二节　利库德集团首次执政的外交成就

以埃和平的实现对于以色列本身而言是一个巨大的飞跃，也是利库德集团首次执政最重要的贡献。首先，以埃和平消除了以色列最强大的军事敌人埃及所产生的直接威胁，瓦解了阿拉伯国家反以阵线，致使埃及在阿拉伯国家中陷入孤立，极大程度地缓和了以色列当时在国家安全上面临的困境。其次，以埃和平为日后的和平进程迈出了最重要的第一步，标志着阿以冲突走上了和平解决的轨道，因此许多温和的阿拉伯国家也开始认识到阿以冲突中政治解决途径的必要性。最后，以埃和平的实现在卡特执政时期提升了以美的政治互信，尤其是利库德集团所做出的妥协一定程度上提升了以色列对美国的战略价值，为里根时期以美关系的高峰打下了政治基础。但同时我们也应该看到，贝京在实现以埃和平的过程中体现出了他顽固的修正主义思想，以美

双方因此也存在许多分歧。

一、以埃和谈的历史背景

1973 年，第四次中东战争爆发。作为一次大规模的阿以冲突，它引发了一系列国家间关系的重大调整。这些调整在现实中成为推动以埃和谈形成的历史背景。

（一）第四次中东战争与美埃关系的变化

第四次中东战争初期，埃及和叙利亚试图重演对以 1967 年战争中的突袭取胜。然而由于萨达特“有限战争”的目标限制和错误的军事策略，最终使得以色列得以喘息并一举取得战场优势，在美国的帮助下趁机扭转了整个战场局势。

实际上美国在战争初期并未决定对以色列进行援助，它认为在不威胁以色列国家存在的前提下，以埃及取得一定范围内的胜利而结束这场战争更符合美国在中东地区的利益。因为在美国看来，埃及是一个促进美阿关系的重要存在，如果想要排挤苏联在中东的影响，美国就需要尽可能地争取这个地区大国。相反，以色列如果取得胜利，将会在领土问题上更不愿让步，阿以冲突也将会持续升级。而到那时无论美国是否出手相助，以色列的胜利都会被归结为以美关系的产物，阿拉伯国家将更加仇视美国，若美国再想取得阿拉伯国家的信任将变得十分困难。然而随着战争的发展，萨达特被战争初期的胜利所鼓舞，拒绝了联合国对战争的调停。由于缺乏美国的及时援助，以色列也处于极大的军事被动中，这进一步巩固了萨达特推进战争的决心。美国此时才意识到对以色列的援助势在必行，否则这一地区的平衡将被埃及和苏联完全打破。在萨达特拒绝战争调停后，美国源源不断地将军事物资和设备送往以色列，这些援助甚至超过了苏联对埃及和叙利亚援助的总和。正因为如此，以色列才得以完成惊人的逆转，最终迫于美国和苏联双重压力才勉强同意停火。

埃及人从这次中东战争中不仅发现了以色列的强大，更看清了美国在中东事务中不可替代的角色，因此必须重新定位美埃关系，因为只有美国才能对以色列的对外行为施加最大的影响。这也就是说埃及想要收回在 1967 年战争后所失的领土，美国就是实现这一目标的最核心因素。同时，萨达特也意识到了苏联希望维持中东“不战不和”的局面而从中获利，它不愿真正提升埃及的军事力量，对以色列也几乎没有什么影响力。因此，埃及决定彻底摆脱苏联的控制，恢复美埃关系，利用美国对以色列进行施压，从而实现自己的政治诉求。1974 年 2 月，埃美恢复了外交关系，并于 6 月签订了《埃美关系与合作协议》，重新开放苏伊士运河，美埃关系大为改善。1976 年，埃及废除了《埃苏友好合作条约》，自此埃及改变了过去“联苏、抗以、反美”的政策，改变了中东的战略格局。①

（二）以美关系对阿拉伯国家和谈态度的影响

赎罪日战争表明，阿拉伯人的战争行为使得美国从中受益最大。鉴于美国在战争中拥有着扭转战局的影响力和财力，战争后美国在中东局势里逐渐成为了一股具有决定性作用的力量。虽然阿以间爆发多次战争，阿拉伯人在经济和军事力量上的消耗都十分巨大，失地也没有收复，但以色列却越发地壮大。同时，美国和以色列的关系随着数次战争发展得更加紧密，这也使阿拉伯国家再次发动对以战争的可能性大大降低。即使以色列仍与一些武装组织发生冲突，但也绝不会扩大成为区域性战争。

虽然阿拉伯国家为打击西方国家而发动了“石油战争”，但由于各种原因很快便结束了。因为阿拉伯国家确信战争和制裁都不能迫使以

① 王新刚，王立红. 中东和平进程［M］. 北京：时事出版社，2012.

色列在所占领土问题上有所退让，也无法改变以色列存在的事实，同时还会损害自身的国家利益。究其根本原因，在于以美之间紧密的双边关系使以色列在面对经济和军事封锁时都能找到强大的依靠。因此，阿拉伯国家认为与以色列走上政治和解的道路可能是未来的趋势和必然选择。

美国在十月战争后利用苏联与埃及关系恶化的历史机遇，延续其改善阿以关系的政策。美国开始积极推动阿以冲突的解决，在不改变支持以色列的立场下，借助阿以冲突尽可能地扩大美国对地区事务的影响力。[①] 特别是卡特在就任美国总统后，提出了“全面解决中东问题”的新政策，对此埃及寄予了很大希望。更重要的是，1977 年上任的贝京对此也表示将会在西奈半岛问题上做出一定的让步，接受了工党对解决阿以争端的一些主张。同时，在经历了四次战争之后，阿以民众们的厌战情绪高涨，也都迫切需要一个和平的生存环境。[②]

在这些大背景下，埃及和以色列在历史上迈出了和平解决阿以冲突的重要一步。当然也应该看到另一点，以美特殊关系的深化虽然将阿以拉入了和平谈判的进程中，但也为贝京强硬的谈判态度提供了潜在的心理支持。

二、贝京与萨达特的初步交涉

在新的历史背景下，反苏情绪强烈的埃及总统萨达特和以色列新政权都认为应尽快解决彼此之间的冲突。同时，第四次中东战争结束后，埃及对于中东问题的态度开始转向美国所持的立场，与以色列也签署了脱离接触协议。这一切都是萨达特总统 1977 年耶路撒冷之行出现的重要背景。

---

① 王京烈. 美国中东政策的演变与发展［J］. 西亚非洲，1993（4）.

② 殷罡. 阿以冲突——问题与出路［M］. 北京：国际文化出版公司，2002.

第四次中东战争后，美国显然能够更有力地介入中东和平问题之中。卡特总统一上台便提出了必须给予巴勒斯坦难民一个家园的想法，他是第一个表示中东和平的解决必须有巴勒斯坦代表参与的美国总统。卡特的中东政策赢得了阿拉伯人的好感，为解决阿以问题营造了良好的政治背景。[①] 1977 年 8 月，贝京与齐奥塞斯库会面，表达了想要同萨达特见面的想法。齐奥塞斯库与萨达特私交甚好，罗马尼亚与以色列也一直保持着稳定的外交关系。贝京还通过美国向萨达特发出信号，并提交了一份以埃和平 46 点建议的文件。此外，1977 年 9 月，在贝京的指示下，以色列外长达扬同埃及副总理图哈米在摩洛哥秘密会谈，双方就和平问题进行交流，并表明了直接谈判的愿望。这次会谈结束后，达扬在美国又同卡特探讨了打破阿以僵局的可能性。[②]

在贝京接连表达愿意同埃及实现和平的愿望之后，萨达特认为与以色列进行谈判的时机已经到来。他首先在布达佩斯同罗马尼亚总统齐奥塞斯库进行会谈，在了解了贝京对齐奥塞斯库所表达的想法后，萨达特备受鼓舞。对于达扬和图哈米的会谈，他也极为欣喜。与此同时，摩洛哥国王哈桑也在埃及和以色列之间积极斡旋，促成双方军事领导人的直接会谈。这些频繁的接触和交流相对比较顺利，表明了以色列和埃及双方在僵局之下都有强烈的和平愿望，这也将正式的和谈拉得越来越近，贝京与萨达特才逐渐萌生了历史性的计划。[③]

然而在这些“预热谈判”的过程中，以色列与埃及间接的信息交流也导致了双方对于彼此立场的错误理解。例如，在西奈半岛的归属问题上，埃方误以为以方已同意将其归还。但庆幸的是，这个误解却

---

① 李伟健等. 以色列与美国关系研究 [M]. 北京：时事出版社，2006.

② 阿伦·布雷格曼. 以色列史 [M]. 杨军译. 上海：东方出版中心，2009.

③ Howard M. Sachar. A History of Israel from the Rise of Zionism to Our Time [M]. New York: Alfred A. Knopf, 2010.

是萨达特对以色列进行历史性访问的核心原因。1977 年 11 月 9 日，萨达特在埃及议会上发表演说，宣称为了实现和平愿意前往耶路撒冷。贝京立即做出回应，并在 15 日正式发出了书面邀请。从萨达特宣称愿意访问以色列，直至萨达特站在以色列的国土上，整个过程仅仅花费了 10 天，足见埃以双方对和谈的强烈愿望。1977 年 11 月 19 日，萨达特到达以色列，以埃和谈拉开了序幕。客观地看，萨达特对耶路撒冷的历史性访问将会打破犹太人和阿拉伯人之间的心理障碍，埃以和谈也将变得更具有自主性，初期有助于排除外部势力的干预。

以埃谈判最初呈现的独立性使得美国在当时倍感惊讶，未能首先促成以埃和谈也使美国略感挫败。然而贝京与萨达特在间接交流所导致的“误解”上展开谈判，注定了谈判之路将会困难重重，矛盾对立不可避免。更重要的是，误解的萨达特和强硬的贝京不得不需要美国出面进行干预，只有这样才能使来之不易的谈判继续推进。[①]

三、戴维营和谈前贝京的核心立场

（一）贝京对萨达特演讲的消极回应

在埃以谈判已经有了良好开端的前提下，贝京所持的政治理念和立场成为了整个和谈能否全面开始的关键。萨达特于 1977 年 11 月 20 日在以色列议会发表演讲，演讲中他提出了自己在未来和平谈判问题上的一些主要立场，表现出了对巴勒斯坦问题的关切，要求以色列尊重巴勒斯坦人的权利，与巴解组织进行和平谈判，并希望以色列从 1967 年战争后所占的土地上全部撤出。萨达特在以色列议会的这次演讲表明了阿拉伯世界的一个共识，即阿以冲突的核心问题是巴勒斯坦问题。当国内和国际社会都希望尽快解决巴勒斯坦问题的时候，“以色

① Herbert Druks. The Uncertain Alliance: The U.S. And Israel from Kennedy to the Peace Process［M］. London: Greenwood Press, 2001.

列地”上的阿拉伯居民问题显然是不可能回避的。萨达特的举动向贝京设置了一个巨大的难题，即他将如何对待所占领土上的巴勒斯坦人。因为贝京对于巴勒斯坦问题的态度是极其坚决的，所以贝京随后在有关和平谈判的回应中完全忽略了这一点，在同萨达特的具体交流中也始终刻意地避免提及巴勒斯坦问题。[①]

这一态度源于贝京对于阿拉伯人知之甚少的理解，可以说他也并不想对其有实质性的了解，他对于巴勒斯坦人的态度完全沿袭了雅博廷斯基的思想。虽然第三次中东战争使得巴勒斯坦民族主义问题日益严重，但贝京从不认可任何有关“巴勒斯坦国”的提法。贝京只是将巴勒斯坦人视为以色列领土上的一个少数民族，他要实现的是犹太人对于“以色列地”的“历史权利”，而这一目标不可能受任何形式的条款限制。因此，萨达特在未获得任何实质性承诺之后便返回了埃及。他不得不开始寻求美国的帮助，萨达特希望卡特对贝京进行劝说，迫使以色列从所占领土上全面撤退，最终建立巴勒斯坦国。

（二）贝京在巴勒斯坦自治问题上的立场

萨达特“耶路撒冷之行”后，贝京开始明确表达自己对于埃及要求巴勒斯坦阿拉伯人在“以色列地”上进行地方自治的态度。1977 年 12 月 16 日，贝京首先提出了自己的埃以和平计划，主要内容是：以色列将在 3~5 年间从西奈半岛撤出以求实现埃以关系正常化；西奈的以色列定居者此间将在联合国部队的保护下仍留在西奈。随后，贝京又进一步提出了巴勒斯坦阿拉伯人进行“地方自治”的具体安排，主要内容是：1967 年战争后所占领土上的以色列军政府可以撤除，但以色列仍旧负责该领土上的公共秩序和安全，同时还掌握水源和土地所有权；以色列犹太人有权购买土地并在这些领土上永久定居和从事经

① Colin Shindler. The Land Beyond Promise: Israel, Likud and the Zionist Dream [M]. London: I. B. Tauris Press, 2002.

济活动；巴勒斯坦阿拉伯人可以成立行政自治委员会，但委员会只负责一定的教育、宗教事务、交通、建设等公共事业；巴勒斯坦阿拉伯人将在以色列或约旦国籍中进行选择。但在卡特将此信息传达给萨达特后，萨达特表示不能接受西奈半岛上的犹太人定居点继续存在，更反对以色列在加沙、约旦河西岸部署任何防卫力量，以及其对耶路撒冷旧城的控制。①

在 12 月 25 日开始的伊斯梅利亚高峰会晤中，贝京与萨达特的核心冲突完全显现了出来。萨达特坚持在被占领土上建立巴勒斯坦国，贝京则立即否决。究其根源，在巴勒斯坦人自治问题上，埃及作为阿拉伯国家的传统代表要求的是“国家自治权”。而贝京能够接受的仅仅是巴勒斯坦阿拉伯人的“民族自治”，因此他所能接受的解决方式也具有相当的局限性，并且这种立场也无法妥协。

（三）贝京拒绝卡特的“阿斯旺宣言”

埃及将巴勒斯坦问题作为和谈基础的态度同贝京在巴勒斯坦问题上的立场分歧严重，致使埃以在伊斯梅利亚会晤上再次无功而返。在这个过程中，美国面对僵局开始积极调节谈判各方的矛盾，这个局面成为了美国介入并主导和谈的重大机会。卡特随后立即出访埃及和沙特阿拉伯，提出了全面解决巴勒斯坦问题的设想。卡特认为应该承认巴勒斯坦人民的合法权利，他们应当参与到谈判进程之中，相应地以色列也应该从第三次中东战争后的所占领土上撤出，这就是卡特的“阿斯旺宣言”，该宣言日后成为了戴维营谈判的主题之一。②

贝京对卡特的“阿斯旺宣言”极为不满，作为回应反而发起了新的定居点建设工程。在定居点建设问题上，贝京不顾埃及的反对，也将卡特的谴责搁置一边。以埃谈判此时也彻底陷入了僵局，谈判的总

①② Herbert Druks. The Uncertain Alliance：The U.S. And Israel from Kennedy to the Peace Process［M］. London：Greenwood Press，2001.

体态势也因贝京的行为而趋于恶化。贝京本人希望借助定居点建设而将所占领土在事实上纳入以色列的囊中，防止其日后归还给阿拉伯人。因此在卡特看来，以埃谈判停滞不前的主要原因是贝京对于西岸和加沙地区控制权的寸步不让。此后任何一次以美接触中，贝京都在此立场上未有过任何变化，因此在之后的埃以和谈中卡特才会偏向于萨达特，而对贝京则施压迫使其让步。在多方经历了一系列各执一词、不愿妥协的谈判之后，美国出面全力推动和谈进程，最终才诞生了戴维营会谈。[①]

四、贝京受压签署《戴维营协议》

面对和谈困境，卡特再一次推动了和谈的步伐。1978 年夏，卡特促成了以埃两国外长峰会，然而双方由于在巴勒斯坦问题上的巨大分歧，最终并未达成任何共识。卡特在此状况下决定发起一次历史性的峰会，迫使以埃双方在国际舆论的压力下不得不取得实质性的和谈成果。1978 年 9 月 5 日，卡特在总统度假地戴维营邀请萨达特、贝京进行全新的美以埃三方峰会。

戴维营会议上讨论的主题实际上依旧是之前传统的被占领土、巴勒斯坦等问题，只是埃以双方此时都将美国视作解决“老问题”的切入点。例如，贝京在同卡特的首次会面中就希望以色列先同美国达成一致，再进行埃以之间的和谈。事实上，贝京在随后的会谈中总是第一时间向美国表明自身诉求，进而才寻求埃以之间的谈判。

1978 年 9 月 6 日，萨达特在峰会上率先提出了自己的和平方案，主要内容有：以色列应回到 1967 年的边界，完全撤出西奈并拆除该地区的所有定居点；西岸和加沙地带先交予约旦和埃及管理，5 年后巴

① 阿伦·布雷格曼.以色列史 [M]. 杨军译. 上海：东方出版中心，2009.

勒斯坦人民在这一地区将实行民族自决，届时巴勒斯坦难民可以选择回归圣地或者获取补偿；以色列补偿埃及自1967年起在西奈地区与以冲突的所耗资源；保持耶路撒冷的完整性，阿以间相互承认主权等。在此基础上，埃及将会承认以色列，进而双方签署和平条约。但在以美埃首次三方会面中，贝京听取该报告后未发表任何看法。自此，贝京陷入了卡特巨大的政治压力之中。9月7日，在第二次三方会谈中，贝京正式否定了萨达特的和平方案。此举立即招来了萨达特的谴责，卡特本人对此也极为不满，还试图让达扬等人劝说贝京，并告知其萨达特仍有让步的空间，然而贝京却不为所动。最让萨达特和卡特恼怒的是，在西奈地区定居点撤除的问题上，贝京不做出任何的让步。相比萨达特不断调整的谈判内容，贝京不变的顽固立场使谈判时常陷入即将终结的境地。对此卡特软硬兼施，迫使埃以双方继续谈判。萨达特明显感受到了卡特政府对于推进和平进程的热衷，也发现了卡特在主要立场上对埃及所表现出的偏向性，因此他只要做出一定的妥协就将换来美国对以色列的施压。因此，贝京便承担了整个和谈中的最大压力。因为卡特对于以色列的要求同埃及一样，包括要求归还西岸、加沙和西奈地区，甚至还有关于巴勒斯坦民族权利的要求。[①]

但对贝京个人而言，仅仅只能接受从西奈撤退的可能性，因为西奈并不包括在其“大以色列”的版图内，放弃它丝毫无损于“复国大业”，至于从西岸撤出并停止建设定居点，以及耶路撒冷的归属是绝不可能纳入谈判的。[②] 经过频繁的讨价还价之后，贝京决定接受卡特对于西奈撤出的要求，但他将242号决议中有关部分领土的决议搁置在谈

① Herbert Druks. The Uncertain Alliance：The U.S. And Israel from Kennedy to the Peace Process［M］. London：Greenwood Press，2001.

② 郗文. 贝京其人［J］. 西亚非洲，1982（4）.

判外，并且宣称定居点建设只可能进行有限的冻结。① 卡特面对这个情况，对贝京继续施压，声称如果其不进行立场调整，将承担会谈失败的责任。同样，萨达特在卡特的劝说下也逐渐不再将巴勒斯坦问题和埃以和谈挂钩。

最终，在卡特频繁的游说和各方紧密的谈判后，1978 年 9 月 17 日，戴维营谈判最终画上了句点，萨达特和贝京在华盛顿签署了由两个文件构成的《戴维营协议》。第一份是《关于实现中东和平的纲要》，规划了未来在加沙和西岸地区建立巴勒斯坦人自治机构。第二份文件意义最为重大，《关于一项埃以之间的和平条约的纲要》明确了以色列从西奈撤离和以埃关系正常化。至此，埃及和以色列度过了最艰难的谈判阶段，贝京也取得了自己最为重要的政治成就。从整个过程来看，贝京坚持了修正主义传统，在耶路撒冷问题和涉及"以色列地"的问题上没有做出任何承诺，完全符合利库德集团执政方针。②

第三节 贝京时期的以美关系

贝京时期的以美关系总体上稳步发展，在以美关系史中处于亲密期，具体表现为美对以援助的暴增。然而，以美间围绕中东和平问题也出现了立场上的摩擦。同时，由于贝京个人浓厚的修正主义思想，以色列在对外决策上往往受其左右，其结果损害了以美关系的良好发展，黎巴嫩战争的爆发就是例证。整体来看，这些摩擦和

① Colin Shindler. The Land Beyond Promise: Israel, Likud and the Zionist Dream [M]. London: I. B. Tauris Press, 2002.

② 王新刚，王立红. 中东和平进程 [M]. 北京：时事出版社，2012.

负面影响并没有改变以美关系趋于紧密的态势，贝京对以美关系的贡献显而易见。

一、贝京时期以美关系的积极进展

即便以美围绕埃以和平谈判产生了诸多分歧，但不能否认的是，贝京时代与卡特任期的开始，成为了以美特殊关系快速发展的分水岭。当以色列与埃及和谈出现危机时，美国总能最快介入并调和各方立场，以经济援助为条件使谈判得以继续。美国还利用自身强大的财力军力为以美彼此提供了深化关系、妥协让步的机会，以美关系在埃以和谈的基础上得到了长足的发展。在这一过程中，贝京不仅帮助以色列获取了巨大的经济和战略利益，还稳固了修正主义思想的根基。

借助卡特时期以美关系的发展势头，贝京赢得了里根政府的好感。里根政府从未减弱对以色列的物资支持，并且始终将以色列视作美国中东外交工作的重心，这为以美关系逐渐进入黄金阶段做好了铺垫。里根与贝京共同执政期间，美国继续将以色列视作与苏联斗争的战略合作伙伴。以色列在争取大批苏联犹太人顺利移民和与苏联支持的阿拉伯国家进行军事抗衡的过程中，都得到了美国直接的支持。

贝京政府在之前埃以和谈中对美国的迁就，使得里根政府不仅认可了以色列的国家利益，并理解以美关系中出现的摩擦，进而在新的基础上扩展了合作。在里根刚入主白宫时，利库德政府曾担心里根内阁的部分政府要员与阿拉伯国家关系过于密切，甚至存在商业往来，因此美国很可能做出不利于以色列的对外决策。但是这种疑虑很快便消散了，基于打击恐怖主义、安全合作、抵御苏联威胁等考虑，贝京与里根政府在以色列颇显强硬的对外行为下仍深化了以美之间的战略安全关系，双边关系取得了全面的巨大进展。[①]

以美关系的紧密程度虽然一直以来都随着中东地区美国势力的扩大而逐步深化，但显而易见的是以美关系的提升在贝京时期之前是相对缓慢的。从以色列建国开始，美国对于以色列提供的都是较低水平的经济援助。利库德集团首次执政便揭开了美国对以援助的新阶段，除了在第四次中东战争中美国不得不对以色列进行大规模援助之外，美国对以色列援助的最高峰出现在贝京时期。以美关系的紧密程度在一定程度上可以从美对以援助数量上反映出来。1976~2004 年，以色列始终是美国对外援助的最大受益者，这一地位直至 2005 年才被伊拉克所取代。贝京时期，以美在援助关系上出现最高峰，三个数据可以直观地表明这一状态：[②]

（1）由于第四次中东战争爆发的特殊原因，1974 年美国对以援助的总量相当于以色列当年 GDP 的 18%左右。在利库德执政后，又出现了历史新高。1979 年美国对以援助总量累计超过了以色列当年 GDP 的 20%。很显然，后者援助性质更倾向于国家间合作关系的深化，而非单纯的战争需要。

（2）美国对以色列援助数额具有明显的阶段性。以色列建国至 1973 年，所获援助总额每年均在 30 亿美元以下，绝大部分时期甚至低于 10 亿美元。1974 年陡然超过了 90 亿美元，而 1979 年则进一步增至120 亿美元。

（3）最重要的是，在所有援助中以色列获得的援助几乎都是军事援助。1974 年，美对以军事援助接近 90 亿美元，1979 年甚至攀升至

① Clyde R. Mark. Israeli-United States Relations in John E. Lang，Israeli-United States Relationship ［M］. New York：Nova Science Publishers，Inc.，2006.

② Robert O. Freedman. Israel and The United States：Six Decades of Us-Israeli Relations ［M］. Boulder：Westview Press，2012.

100亿美元。[①] 如果前者是战争爆发后的合理现象，那么贝京时期的美对以军事援助无疑表现出了以美战略关系的实质性飞跃。

美国对以色列的援助使以色列在国防力量上一跃成为了世界拥有先进军事装备的国家，大幅减少了以色列的国防开支，还促进了相关尖端科技产业的迅猛发展，为整个以色列集中力量进行国内经济建设打下了坚实的基础。因此，贝京时期以美关系最大的发展，就是援助所反映出的高水平战略合作关系的深化，并且这种双边关系的深化具有飞跃式的发展趋势。

同时，在摩擦下所提升的以美关系也助长了贝京对外决策中的强硬态度，因为贝京确信以色列对美国而言已具有不可替代的战略价值。因而他在对外决策和中东和平进程问题上更加自主地推行其修正主义思想，这对以美关系的发展造成了一定阻碍。总体来看，以美已然形成的特殊关系随后不仅束缚了美国对以色列的施压程度，也在一定程度上促成了贝京政府发动战争的决策。

二、以美在中东和平问题上的若干分歧

（一）以美在被占领土问题上的分歧

贝京执掌以色列时期，美国积极参与中东和平进程，希望借此主导中东事务，由此导致了以美关系中的一些摩擦。

在贝京看来，卡特积极促成戴维营协议是美国试图施压以色列以促使其在所占领土上撤出的行为，但最终却要由利库德集团来承担与埃及达成和平后所可能产生的政治风险。即便在伊朗革命和人质事件中以美密切合作，但卡特在此间仍一直谴责贝京的定居点建设政策，强调对和平进程的保护。同时，卡特对巴勒斯坦人“家园”和巴勒斯

① Robert O. Freedman. Israel and The United States: Six Decades of Us-Israeli Relations [M]. Boulder: Westview Press, 2012.

坦人政治权利的提议也使得利库德集团对美国极为不满。戴维营协议的最终结果表明，虽然贝京处于卡特政府的政治压力下，但贝京在处理巴勒斯坦问题上旨在最大限度地保全以色列的国家利益，确保对“以色列地”的控制力，并且尽可能地限制巴勒斯坦人的诉求。[①]

从埃以和谈的整个过程看，贝京时期以美立场的最大矛盾集中在被占领土问题上。在和谈中，以色列的领土政策成为了其和各方直接对立的原因。在意识形态因素控制下的贝京毫不妥协，始终未在“大以色列”的范围上退让半步，定居点建设也依旧照常进行。从埃以和谈开启，卡特便一直批判以色列在被占领土上的政策和定居点建设问题。虽然1979年爆发的伊朗革命使卡特解决阿以冲突的精力有所分散，但其从未停止对贝京所持政策的强烈谴责。与此类似的是，1982年初，里根政府也声称无论是独立的巴勒斯坦国还是以色列都不应控制或者在西岸、加沙地带行使主权。[②]

和谈后，贝京对于西奈并不执着，以色列在埃及领土归还问题上没有迟疑，但在西岸和加沙问题上没有任何履行承诺的意图。而且当初为了迅速达成戴维营协议，美国也未在西岸和加沙的定居点问题上过多地纠缠以色列。1979年11月，以色列开始归还西奈，但同时也开始了新一轮的定居点建设活动，至于巴勒斯坦人自治权利的计划已被搁置。为此以色列政府内部出现了分裂，外长达扬与国防部长魏兹曼相继辞职。他们认为贝京违反并拖延了戴维营协议的内容，损害了来之不易的和平局势，这一政局变化将利库德集团的执政思想推向了彻底的主导地位，也使得反对和平谈判的政治家走向了前台。

此后，修正主义思想在利库德集团执政的进程中变得愈发明显。

---

① Clyde R. Mark. Israeli-United States Relationship [M]. New York: Nova Science Publishers, Inc., 2006.

② Clyde R.. Israeli-United States Relations [M]. New York: Nova Science Publishers, Inc., 2006.

在它的驱使下，贝京将巴勒斯坦人、工党联盟、里根政府对其政策的诟病置之不顾。不只是贝京，可能以色列绝大多数民众此时都被一种狂热的民族主义所驱使。即使贝京政府在经济建设上表现糟糕，但其在巴勒斯坦问题的做法上，大众认为是完全可以接受的。[①] 戴维营会谈后，贝京对卡特明确表示，其绝不承认戴维营协议中“巴勒斯坦人”这一名称。他用“居住在大以色列的阿拉伯人”代替这一提法，并且只会在永久性定居点的基础上考虑他们的“合法权利”和“正当要求”。[②] 贝京将巴勒斯坦人对自治权的要求看作是阻碍以色列继续占有西岸和加沙地带的做法，那么在和谈之后就不可能再在此问题上进行谈判。[③]

（二）阿以矛盾引发的以美分歧

在阿以和平的敏感问题上，贝京政府的一系列行为相对前执政者而言也显得更为强硬和富有侵略性，由此也引发了以美间的摩擦。具体表现在：

（1）1980 年，以色列议会通过了耶路撒冷基本法，即耶路撒冷是以色列不可分割的永久的首都。在此之前以色列领导人只是多次口头宣布耶路撒冷是以色列的永久首都，贝京则首次通过立法的形式将耶路撒冷的控制权确定下来，由此也出现了一大批以色列民众支持在耶路撒冷东部建设定居点的呼声。里根则反复重申其观点，他认为耶路撒冷是不可分割的，它的最终地位和归属必须通过谈判来决定。[④]

---

① Colin Shindler. The Land Beyond Promise: Israel, Likud and the Zionist Dream [M]. London: I. B. Tauris Press, 2002.

② Arye Naor. Hawks' Beaks, Doves' Feathers: Likud Prime Ministers Between Ideology and Reality [J]. Israel Studies, 2005, 10 (3): 168-172.

③ 李洁宇. 论以美特殊关系的根源——以色列总理决策的“理性”成因 [M]. 上海：上海交通大学出版社，2012.

④ Amir Ya'ari and Elias D. Zahavi. Israel: Social, Economic and Political Developments [M]. New York: Nova Science Publishers, 2012.

（2）1981 年，贝京政府在不顾工党领袖佩雷斯的反对下，毅然对伊拉克核反应堆进行空袭，最终核反应堆被成功摧毁，但以色列事后受到了国际社会的孤立和里根政府的批判。对此，里根不仅支持联合国安理会通过对以色列的谴责性决议，还暂缓了对以色列的军事援助。

（3）在戈兰高地问题上，美国政府将其视为被占领土，认为以色列应通过和谈最终从中撤出。但在贝京看来，在 1967 年中东战争之前，叙利亚借助戈兰高地的绝对地理优势，对以色列国家安全造成了巨大的威胁，因此他在这一问题上拒绝任何退让。1981 年，以色列议会通过立法将戈兰高地的权利确立下来，实际上就是赤裸裸地将其吞并了。这引起了美国的反感，并将此视为以色列对日内瓦公约和联合国安理会 242 号决议的违反，认为是以色列单方面通过武力而进行的领土扩张行为。[①]

三、黎巴嫩战争对以美关系的损害

如果说贝京在阿以和谈的问题上与美国只是存在诸多的分歧，那么他富有侵略性的对外行为则对以美关系造成了最直接的损害，代表性事件就是黎巴嫩战争。

（一）以色列政局变化促成了战争决策

1981 年，利库德政府再一次获胜，贝京连任。一方面，利库德集团滥用国家财政储备做后盾，降低了国内税收和进口税，使得以色列民众从中获益后继续支持利库德政权；另一方面，虽然利库德集团由于内部戴希党的分裂而仅获 48 票，但是仍超过了工党的 47 个席位，这表明以色列右翼势力拥有了稳固的民众基础。这次选举结果对以色列政局影响颇大，在新政府中原本的温和力量消失了，沙米尔和沙龙

① Clyde R. Mark. Israeli-United States Relations [M]. New York: Nova Science Publishers, Inc., 2006.

的加入也使新政府变得更加激进。黎巴嫩战争的决策之所以最终能够达成，就是以色列右翼势力的推进所致，因此它也可以看作是以色列政局变化的直接结果，而整个战争过程则是首次执政的利库德集团对以美关系设置的最大阻碍。①

1982 年的黎巴嫩战争，亦被人视作第五次中东战争，它的爆发是利库德集团积累已久的观念产物和蓄谋已久的战略行动。虽然战争前针对以色列的恐怖袭击只是一些激进分子的行为，但这在利库德眼中被急剧地放大。部分以色列温和派势力曾认为巴解组织甚至可以视作潜在的谈判方，但在利库德集团看来这无疑是叛国的论调，特别是在激进势力主导以色列政局后这种观点被完全掩盖。因此，1982 年黎巴嫩战争之前，利库德集团政府塑造出的主导舆论就是巴勒斯坦人是以色列不可调和的、永久的敌人。那么发动黎巴嫩战争打击巴勒斯坦恐怖主义、消灭巴解组织的决策自然能够与这种恐惧相融合，还能很好地帮助利库德集团将人们的视线从恶化的经济状况上转移开来。

（二）贝京政府违背对美承诺扩大黎巴嫩战争

战争爆发前，贝京和利库德集团的成员在其制定对外战略的过程中有以下几个考虑：①巴解组织长期在黎巴嫩存在并积极建设军事力量，这对极度关切安全的以色列造成了心理和现实的双重压力。②巴解组织建立的目的是为了争取在西岸和加沙地区建立一个以耶路撒冷为首都的巴勒斯坦国。这一目标与利库德集团的“大以色列”理念产生了直接的对立，因此利库德集团执政必然将打击巴解组织作为最核心的战略内容。③叙利亚在黎巴嫩的军事存在是对以色列的巨大威胁。这三个问题在利库德集团执政之时被其沿袭下来的修正主义思想进一步放大，因此利库德集团一直都在策划一场获取“安全”的行动。与

① 阿伦·布雷格曼.以色列史［M］.杨军译.上海：东方出版中心，2009.

此同时，国防部长沙龙积极同美国沟通，通报了对黎巴嫩的行动计划，美国基于其“有限行动”的承诺才默许以色列在受到挑衅的前提下可以采取有限的军事反击行动。①

1982年6月以色列驻英大使被巴勒斯坦恐怖分子刺杀，贝京所领导的利库德集团在充分的心理准备和军事谋划下，决定以此为由进入黎巴嫩打击巴解组织，对恐怖袭击活动进行军事报复。“加利利和平行动”初期，由于以色列民众对安全的心理需要和对巴勒斯坦恐怖主义的恐惧，贝京政府所面临的批判并不多。② 以色列民众最需要的就是安全，这也是贝京执政时期不断重复并强调为这次行动根本的理由。随着战争的爆发，巴解组织遭到了重创，但以色列与叙利亚空军的交手将战争扩大化。同时，以色列军队对黎巴嫩领土的占领和对巴勒斯坦难民的屠杀激起了国际社会的公愤，很显然贝京政府已经背离了当初对美国所做出的有限行动的承诺。③ 至此，恶化的战争局势加上所发生的屠杀事件使以色列的这次行动彻底发生了质变，从所谓的有限目标行动转化成了一场被国内和国际所抨击的侵略战争。由于贝京打出了配合美国中东战略的旗号，黎巴嫩战争在阿拉伯国家看来也是美国默许以色列吞并领土的行为。因此，美国将黎巴嫩战争的扩大化看作是贝京的一种欺骗，也认为这次战争损害了美国在中东地区驱逐苏联势力的战略部署。1982年6月下旬，里根明确表态如果以色列仍不停火并从黎巴嫩撤出，便会对以色列进行严厉制裁，以美关系出现了自贝京执政以来最大的危机。在这样的压力下，巴解组织和以色列军队才最终同意撤出黎巴嫩和西贝鲁特。④

①③ 阿伦·布雷格曼. 以色列史［M］. 杨军译. 上海：东方出版中心，2009.

② 加利利和平行动即1982年以色列入侵黎巴嫩的军事行动。

④ Elizabeth Stephens. US Policy Towards Israel：The Role of Political Culture in Defining the Special Relationship［M］. Portland：Sussex Academic Press，2006.

（三）黎巴嫩战争对以美利益的损害

贝京政府在黎巴嫩战争中达成了沙龙所计划的目标，即消除巴勒斯坦武装力量在以色列北部边境树立的军事威胁，巴解组织也撤出了黎巴嫩。但这绝不是一个解决巴以冲突的方法，贝京和沙龙都没有实现自己所想要的“绝对安全”，反而使以色列的国际形象大大受损，因为战争而备受国际社会的谴责。同时，战争使美国这一以色列的“支持者”间接承受了地区和国际舆论的压力，其提升阿美关系的战略也受到重创。

客观来说，利库德集团在“大以色列”理念下蓄意将战争扩大化，但却又没有足够的能力处理相应的后果。对于其政权的稳定性而言，黎巴嫩战争也是一个负面因素，它使得以色列内部政治分歧极端化，让人们开始发觉巴以冲突可能更应该采用政治途径去解决。究其战争的根本动因，就是利库德集团所追求的安全是一种主观性安全，这种安全观根植于利库德集团的修正主义意识形态之中，并在长期的巴以敌对关系里被不断构建加深。总的来看，利库德集团追求安全的过程实际上是为以色列在与周边敌对力量抗衡中塑造绝对战略优势的过程。[①] 因此也有人在战后质疑利库德集团的对外决策，并开始怀疑其对威胁所做出的回应是否还处于正常的烈度。[②] 作为以色列长久以来的伙伴，美国也不得不为此付出了极大的战略成本，在推动和平进程的同时还要修复其与中东阿拉伯国家因黎巴嫩战争而流失的信任感。

综上所述，贝京发起的黎巴嫩战争损害了以美关系中的政治互信，加深了美阿的隔阂。加之半年前以色列不顾《以美谅解备忘录》私自立法吞并戈兰高地，致使美国对以色列的不满达到了这一时期的顶点。

---

① 英国学派的代表马丁·怀特曾在关于“均势”的论述中提出了“主观性均势”概念。这实际上是一种对安全的理解，即主观性均势意味着主观性安全的满足。

② Colin Shindler. The Land Beyond Promise: Israel, Likud and the Zionist Dream [M]. London: I. B. Tauris Press, 2002.

第四章　沙米尔与以美关系的发展

黎巴嫩战争后，贝京面临着国内外争论战争合理与否的巨大压力，最终递交了辞呈。贝京辞职后直至老布什上台之前，可以说以美关系以前所未有的速度在不断深化。20 世纪 70 年代末，伊朗伊斯兰革命使美国中东战略遭到重创，80 年代的中东政治力量格局也发生了转变。埃以和解后阿拉伯世界出现了裂痕，中东地区还爆发了两伊战争，地区格局分裂重组加速。由于苏联 20 世纪 70 年代里在中东的扩张态势，以美战略同盟关系开始在美国的中东战略中成为无可替代的核心内容。在此背景下，沙米尔与里根执政时期，以美关系开始向极为深入的同盟关系演变。在 80 年代里，以色列几乎都是利库德集团在执政，右翼势力在以色列政局中的地位逐渐稳固。1983 年 9 月，沙米尔接替贝京继任以色列总理。沙米尔是在修正主义运动中成长起来的政治家，因而在领土等问题上遵循“大以色列”的信仰，对巴勒斯坦人敌对情绪强烈。在他执政的年代，以色列消极处理巴以和谈问题，重点打击敌对势力。美国在进入 20 世纪 80 年代后对全球战略做出了重大调整，在中东转为攻势遏制苏联扩张。里根执政初期希望借助推动和平进程拉拢阿拉伯国家，然而在叙利亚坚决不合作之后，里根将和平进程降级。面对恐怖主义和地区和平进程的受阻，里根在阿以间从最初的相对中立状态转为对以色列的全面支持，决定利用以色列打击极端阿拉伯国家。沙米尔则趁阿拉伯国家内部分裂和美国更重视以色列战略作用之际打击敌对力量并迅速提升与美国的战略合作水平，最终以美关系攀升至“黄金时期”。

第一节　利库德集团的新领导者：沙米尔

沙米尔同贝京一样，在修正主义运动的发展过程中成长起来，先后加入了多个犹太人地下武装力量。在此期间，他个人的对外观念和民族观念逐渐确立。进入利库德集团之后，沙米尔配合贝京推行修正主义的思想，并最终接替贝京任职总理。首次执政时期的沙米尔，面临着国内外形势的挑战，还无暇全力推行其修正主义思想。由于其不够稳固的执政地位，加上以色列国内恶化的经济状况，他很快便不得不与工党组建了民族联合政府，草草结束了第一任期。

一、沙米尔因阿犹冲突加入伊尔贡

沙米尔当选利库德集团领导人的一个重要原因是他与贝京在个人政治生涯层面具有着相似的经历。1915 年，沙米尔出生于沙皇统治时期的波兰小镇鲁耶瑙，同贝京一样都曾在华沙大学学习法律。在他还是学生的时候就已经和贝京见过面，同样也全力地参与了修正主义运动。沙米尔内心有着强烈的革命热情，俄国革命的爆发让他备受鼓舞，他尤为钦佩民族主义运动中犹太人所展示出来的奉献精神。此后在追求革命事业的过程里，他将雅博廷斯基视为自己重要的精神领袖。在他看来，修正主义者在犹太复国主义运动中另辟蹊径，雅博廷斯基的

复国思想更符合他想象中的革命事业。①

随着巴勒斯坦犹太人的猛增，犹太移民和巴勒斯坦阿拉伯人之间由于心理上对土地的强烈渴望而产生了现实的矛盾。1929 年，由于两者之间的宗教争执，新的暴力冲突再次被点燃，这场冲突延续了一个星期，100 多名犹太人被阿拉伯人杀死。由于以往犹太人的悲惨经历、传统的阿犹矛盾和这场冲突的巨大刺激，沙米尔心理上认同了暴力式的犹太复国事业，他在 1929 年加入了贝塔尔组织。1935 年，沙米尔移居英国委任统治下的巴勒斯坦，并在希伯来大学学习历史，随后还做过建筑工人。②

沙米尔作为一名年轻的贝塔尔组织成员，始终坚持武装对抗英国委任政府及巴勒斯坦阿拉伯人的激进立场。相对于传统的修正主义者贝京而言，沙米尔更为右倾。前者在当时并不完全拒绝用外交方式解决犹太问题的做法，而后者则只提倡开展民族解放运动和武装斗争以彻底驱逐英国人和阿拉伯人，进而立即建立犹太国家。这种观点实际上也是修正主义运动中激进分子和贝塔尔成员们的共识。1937 年，沙米尔加入了伊尔贡，公开反对在阿犹冲突中本·古里安所采取的自我克制政策。沙米尔的这一段经历是在阿犹冲突激化的历史背景下形成的，因此导致了他在执政时期对巴勒斯坦阿拉伯人的起义采取暴力镇压的决策。

二、沙米尔继承莱希的民族国家观念

在伊尔贡组织分裂后，他又加入了由斯特恩所领导的莱希组织。1939 年，英国委任统治当局所颁布的“白皮书”激怒了所有的犹太复

① 阿伦·布雷格曼.以色列史［M］.杨军译.上海：东方出版中心，2009.

② Colin Shindler. The Land Beyond Promise：Israel，Likud and the Zionist Dream［M］. London：I. B. Tauris Press，2002.

国主义者，也使沙米尔更加坚信只有武装斗争才能实现其政治目标。沙米尔一直以来都认为犹太人必须借助武力将英国当局和阿拉伯人驱逐出去，进而立即建立民族国家。他甚至悲观地认为犹太人根本没有其他选择，摆在面前的不是英国人的压迫就是德国人的残害，然而这种复国的方式在当时并不被巴勒斯坦犹太人的主要政治机构所接受。沙米尔的观点代表的是莱希组织的政治倾向，也是他本人主要的立场。成为了莱希组织的一员后，沙米尔继承了斯特恩所提出的民族国家观念。在这一信仰体系中，犹太民族国家领土的边界应遵循希伯来《圣经》在《创世纪》中所划定的范围，即应包括从尼罗河直至幼发拉底河的所有土地。犹太人对这片土地的所有权是毋庸置疑的，并且永远不会被废止。犹太人必须通过武力夺回自己的土地，只有这样才能实现犹太民族的复兴。①

1942 年斯特恩去世后，沙米尔成为了莱希中央委员会的三人领导小组成员，他计划和组织了多次暗杀行动。沙米尔采取游击战和恐怖袭击结合的方式，并使之逐渐成为了莱希的惯用手段。莱希热衷于个人恐怖主义式的行动，这也是其组织性质的体现之一。与此同时，虽然伊尔贡和哈加纳也曾采用暗杀和恐怖袭击的方式与英国对抗，但莱希甚至还杀害为英委任当局工作和提供信息的犹太人，足见其极端色彩。在沙米尔领导莱希的时期，巴勒斯坦英委任当局的负责人不断遭到暗杀，最著名的暗杀事件就是针对英国中东地区常驻公使莫因的暗杀。原因是莫因认为无论是委任当局还是贝尔福宣言都不能使巴勒斯坦地区演变成为一个犹太人的国家，其观点与犹太复国主义事业直接对立，更是对沙米尔民族国家观念的直接否定。

英国自此将沙米尔视为一名狂热的恐怖分子，但沙米尔仍将此类

① Colin Shindler. The Land Beyond Promise: Israel, Likud and the Zionist Dream [M]. London: I. B. Tauris Press, 2002.

活动视作伟大的复国斗争。虽然莱希相比哈加纳和伊尔贡而言组织规模较小，但在1940~1948年间的犹太人暗杀行动中，七成都是由其发起的，被害者近半数还都是为英国提供信息的犹太人。在这一点上，沙米尔完全不同于贝京，贝京虽然沿袭了雅博廷斯基的修正主义思想，但并没有像沙米尔这样对其进行过于激进的改造。贝京在当时还坚持着政治手段优先于武装斗争的思想，因此自然反对莱希所进行的暗杀活动，这也是莱希、伊尔贡无法进行全面合作的重要原因。1946年，沙米尔由于暗杀等罪名被英国人逮捕，但不久便逃脱了，在以色列建国后沙米尔又立即来到了这个新的国度。即使以色列已经建立了，莱希仍旧暗杀了联合国调解人福尔克·伯纳多特，对此贝京极为恼火。①

沙米尔在莱希中所建立起来的民族国家观念在其执政过程中反映在对领土问题的态度上。他首先要求建立包括西岸和加沙地区在内的“大以色列国”，其次反对从所占领土上撤出，最后坚持在被占领土上修建定居点。②

三、沙米尔逐渐领导利库德集团

由于沙米尔顽固不化的激进斗争思想，20世纪50年代本·古里安禁止莱希成员进入统治阶层，但摩萨德对沙米尔及其成员抛出了橄榄枝。为摩萨德工作了10年之后，沙米尔在第三次中东战争后开始关注苏联地区的犹太人外迁运动，这一运动成为日后他赞扬并加入赫鲁特党的重要原因。1970年，沙米尔正式加入了赫鲁特党，被任命为党内入境事务处的负责人。赫鲁特党对于沙米尔而言，是最后一个没有放弃“以色列地”这一理想的组织。贝京执政后，沙米尔在其任期内助

① Colin Shindler. The Land Beyond Promise: Israel, Likud and the Zionist Dream [M]. London: I. B. Tauris Press, 2002.

② 钱立伟. 以色列新总理拉宾与沙米尔的政策分野 [J]. 现代国际关系, 1992 (5).

其整合民族主义者阵营，统一内部力量。虽然沙米尔在修正主义思想的基础上更为激进，但他也同样务实，始终与贝京共同壮大赫鲁特党和推进修正主义事业。①

加入赫鲁特党之后，沙米尔于 1973 年被选为赫鲁特议员。1974 年，进入以色列议会之后，沙米尔便呼吁梅厄夫人兼并戈兰高地。1977 年，利库德集团赢得大选，沙米尔成为议会议长，但并没有在内阁中获得一职。1980 年，摩西·达扬辞去了外交部长后，沙米尔顺势接替了这一位置。沙米尔在被占领土和巴以问题上极其顽固，甚至还曾反对贝京将西奈返还给埃及，这些都源于他在伊尔贡和莱希时期所形成的个人观念。他还有一个始终不变的信仰，即认为犹太人应在希伯来《圣经》所划定的“以色列地”上自由生存。不能否认的是，沙米尔也是个政治经验丰富的现实主义者。在萨达特出访以色列之前，沙米尔还将其视为一个纳粹色彩浓厚的领导者，但他却还会充满热情地在以色列议会上欢迎萨达特的来访，强调化干戈为玉帛的重要性。②

1983 年 9 月，贝京的中途卸任将利库德集团和沙米尔推向了政党力量和个人地位的巅峰期。贝京并没有提前考虑过领导人的任命问题，因此由赫鲁特中央委员会召开会议选择新的领导人。总理人选在住房部长大卫·利维和外交部长伊扎克·沙米尔之间展开角逐，最终沙米尔成为了绝大多数人的选择，击败对手顺利当选，自 1983 年 9 月 15 日起开始任职。

四、沙米尔首次执政与联合政府的建立

（一）沙米尔首次执政面临的双重挑战

（1）虽然成功当选总理，但沙米尔此时的地位并不稳固。相比反

①② Colin Shindler. The Land Beyond Promise: Israel, Likud and the Zionist Dream [M]. London: I. B. Tauris Press, 2002.

对党领袖西蒙·佩雷斯而言，沙米尔在国内党派中的支持力度显然不足。欧洲的政治家们和反对利库德集团的人对佩雷斯大加赞赏，仿佛一夜之间舆论又回到了倾向工党的时代。许多政治家坚信，在1984年的以色列大选中沙米尔必败无疑，他甚至可能提前在赫鲁特党的内斗中被推翻。在赫鲁特内部，沙龙和利维都是沙米尔的权力竞争者，贝京辞职后留下的权力真空加上利库德内部的不稳定使得无形的权力博弈进一步恶化，人们很难信任一个动荡的利库德集团能继续从工党手中夺得政权。

（2）似乎在贝京时期就可以看出，利库德集团在意识形态的引导下将几乎全部的精力和重点都放在了外交层面，经济建设上的贡献显得微不足道，沙米尔首次总理任期的提前结束也是国内经济局势影响的结果。

1983年，利库德政府的定居点计划和黎巴嫩战争已经快要耗尽了以色列的硬通货储备。1983年5月，贝京还在任时以色列的年通胀率就已经接近400%了，经济危机在这时彻底爆发（见图4-1）。9月，有消息称由于以色列无力获取更多的国际贷款，政府计划削减外币交易，以色列货币谢克尔相应地可能会大幅贬值。民众随后便开始大量抛售其持有的与美元挂钩的银行股票，而此时银行为了维持其虚高的价格，开始从其海外机构大量地买入美元。银行很快就将其硬通货储备消耗殆尽，不得不向政府求助。10月10日，沙米尔新政府的第一次会议结束后，财政部宣布将一部分银行股份演化成为与美元挂钩的政府债券。然而这似乎并没有解决实际问题，银行存款持续流失，政府不断对其注入资金，谢克尔贬值了近1/5。到了11月，以色列硬通货储备已经直逼底线30亿美元。①

① Howard M. Sachar. A History of Israel from the Rise of Zionism to Our Time [M]. New York: Alfred A. Knopf, 2010.

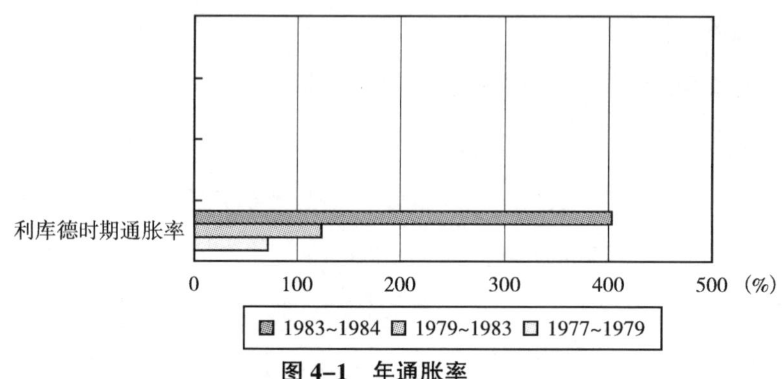

图 4-1 年通胀率

资料来源：笔者根据数据自制。

（二）建立联合政府

这场席卷而来的经济危机已经无法遏制，加上沙米尔在黎巴嫩撤军上的迟缓行为，他已无力扭转大众对利库德集团的批评，最终提前进行了大选，草草结束首次执政。1984 年，在公众对利库德集团极为不满的情绪下，塔米党也退出了政府，这为工党投票举行提前大选创造了条件。沙米尔在竞选中依旧延续了利库德集团一贯的论调，他抨击工党在巴勒斯坦问题上的软弱以及政党内部的腐败。而工党则批评其在定居点问题和阿拉伯事务中的错误，着重强调了利库德集团在之前经济危机处理中的混乱和失控。这次选举后，利库德集团在议会中比上届少了 7 个席位，获 41 席，工党则取得了 46 个席位。然而，由于议会中宗教党派的存在，实际上形成了左右翼力量的平局，两大势力工党与利库德集团因此都无法单独组阁，最终的出路就是建立一个联合政府。经过沙米尔与佩雷斯的漫长会谈，联合政府建立了，总理一职由两人轮流担任。佩雷斯首先任职总理，25 个月后由沙米尔接任。①

在佩雷斯任职期间，以色列首先开始从黎巴嫩全面撤军，以求尽快消除其在这个问题上的困扰，为以色列减少人员和经济上的进一步

① 阿伦·布雷格曼.以色列史 [M]. 杨军译. 上海：东方出版中心，2009.

损失。随后，佩斯雷面对的是更为棘手的经济问题。利库德集团自1977年执政以来，以色列的外债几乎翻了一番。20世纪70年代，飞涨的石油价格、以色列下滑的农业经济、损失惨重的第四次中东战争、影响恶劣的黎巴嫩战争以及利库德集团执政期间耗资巨大的定居点计划，导致了以色列经济恶化严重，军事开支极高。对此，佩雷斯于1985年实行新的经济计划，冻结了工资、价格和汇率，在一年内通货膨胀便被有效地缓解了。总而言之，佩雷斯执政期间的联合政府在促进经济稳定和以美合作上取得了进展，公众支持率飙升。[①] 1986年，工党履行了联合政府的组建协议，将总理一职交予利库德集团领导人沙米尔。很显然，沙米尔再次上台后，将中断佩雷斯的和平努力，继续加速定居点建设，更会伺机打击巴解组织，使中东和平进程再度受阻。[②] 这一次交接成为了利库德集团执政的又一次机遇，因为此后的巴勒斯坦阿拉伯人起义成功地帮助沙米尔巩固了执政地位。同时，在里根主义的背景下，沙米尔的强硬政策也得以顺利实践，以美间的战略合作达到了历史高峰。

第二节　20世纪80年代以美关系发展的动因

20世纪80年代，基本都是里根执掌美国，以色列绝大多数时间里则是利库德集团执政。里根政府在黎巴嫩战争前对中东和平极为关心，以美之间因此产生了诸多摩擦。然而随着叙利亚在黎巴嫩撤军问

① Howard M. Sachar. A History of Israel from the Rise of Zionism to Our Time [M]. New York: Alfred A. Knopf, 2010.

② 蔡丹. 沙米尔对外政策会有多大变化？[J]. 世界知识，1986（2）.

题上与美国直接对立，和平进程也难以推进，里根政府将中东和平计划降级，将精力转向解决其他问题，重新评估了以色列的战略地位，自此进入了里根政府全力支持以色列的时期。沙米尔再次在民族联合政府中任职总理后，以美关系开始迅速发展。20 世纪 80 年代，中东地区政治格局出现了较大变化，新政权的确立和反美、反以情绪的激化使以美双方都面临着共同的挑战，非传统安全威胁的爆发则又加剧了这一状况。在这些因素的综合作用下，里根和沙米尔共同执政时期的以美关系走向了“黄金时期”。

一、全球与地区形势的转变

由于美国深陷越战泥潭，国内反战情绪高涨，在整个 20 世纪 70 年代，美国无力直接介入地区冲突和事务之中。因此，美国主要奉行尼克松主义，致力于建设地区伙伴关系，以实力为基础树立威慑力量，收缩亚洲兵力以求在新形势下与苏联争夺霸权。在海湾地区这一战略被诠释为“双柱政策”，即依靠伊朗和沙特两个伙伴建立海湾地区的集体安全体系，防止外来势力的侵入，维持石油能源的稳定供应。前者作为军事力量，后者作为经济力量，共同维持美国在这一地区的间接控制力。①

然而 20 世纪 70 年代末，国际与地区政治环境发生重大改变。首先，苏联自 70 年代初至 80 年代之间整体的军事力量得到提高，尤其是战略核力量的发展逐渐追赶上了美国的水平，美国的霸权地位相对衰落。1979 年底苏联出兵阿富汗，这一赤裸的军事入侵在美国看来是对和平的巨大威胁，是试图打破均势的行为。针对苏联在美国防守时期肆无忌惮地在中东进行势力扩张，卡特主义应运而生。卡特宣称将

① 张新利，翟晓敏. 20 世纪 70 年代美国对波斯湾的“双柱”政策 [J]. 世界历史，2001 (4).

借助军事力量在内的一切方法击退试图控制波斯湾的外部力量。里根上台执政后，也开始对之前的中东战略进行反思。他认为想要扭转之前美国在美苏争霸中所处的颓势，应采取更强硬的中东政策，对苏联进行全面的遏制，针对 70 年代苏联的势力扩张进行反击。[①] 因此进入 80 年代后，为了打击苏联，美国必须扩大其影响力，在中东地区采取新的战略部署。

其次，1979 年伊朗伊斯兰革命推翻了美国所支持的巴列维政权，新上台的霍梅尼政权视美国与以色列为死敌。至此，美国“双柱政策”破产，地区格局发生突变。为了继续保证地区稳定和国家利益，美国在 80 年代必须改变其原有的战略部署。以色列拥有强大的军事力量，长期与美国维系着具有“先天性”的特殊关系。同时，作为美国真正能够依靠的战略资产，以色列的战略价值随着伊朗的变革更加凸显。因此，在美国新的中东安全体系中，以色列成为了“新支柱”的最佳选择。在此背景下，美国与以色列在迅速提升双边战略关系上有了强大的驱动力。[②]

执政初期，里根的重心放在拉拢温和阿拉伯国家和推动和平进程上。“里根方案”和“舒尔茨计划”先后出台，里根也积极向温和阿拉伯国家输出武器装备，在这个层面上以美就和平计划和军售产生了诸多分歧。[③] 但黎巴嫩战争后，里根政府再次对其中东政策做出了调整。叙利亚在黎巴嫩撤军问题上的拖沓和恐怖主义的蔓延让美国重新回到了利用以色列施压阿拉伯国家的轨道上，里根认为只有在可靠盟友以色列的帮助下，美国才能真正保证其在中东的影响力，进而遏制苏联势力的影响。[④]

---

① 王京烈. 美国中东政策的演变与发展 [M]. 北京：西亚非洲，1993.
② 赵伟明等. 中东问题与美国中东政策 [M]. 北京：时事出版社，2006.
③ 里根方案，舒尔茨计划：里根时期美国为推动和平进程所设计的阿以和谈计划。
④ 李伟健等. 以色列与美国关系研究 [M]. 北京：时事出版社，2006.

综上所述，美国在冷战中转守为攻的态势，是以美战略高峰形成的整体背景。如果美国在这一时期的冷战中占据优势，那么它很可能将继续拉拢阿拉伯国家，或者在阿以之间尽量保持不偏不倚的态度。美国为了扭转形势，才对以色列产生了强烈的战略需求。最重要的是，地区形势所发生的重大改变大幅提升了以色列的战略价值，沙米尔借此在强硬对外的过程中将以美关系推向高峰。

二、恐怖主义活动的威胁

中东地区恐怖主义活动的蔓延与阿以冲突的加剧有着紧密的联系，大国势力在这一地区的干涉一定程度上又刺激了恐怖主义的发展。20世纪80年代，以美双方都有着打击恐怖主义的相同需求。

第二次世界大战后，中东伊斯兰国家相继独立，由于经济发展迟缓、社会公正缺失和阿以战争的屡屡失败导致了广大穆斯林对政府的不满和对国家世俗化的质疑。原教旨主义思潮开始在20世纪60年代出现，其参与者将中东国家面临的困境看作是西方国家强权干涉地区事务的结果，因而他们在中东地区反对大国势力和犹太复国主义的存在。[①]

与此同时，以色列自成立以来与阿拉伯国家之间战火不断。虽然以色列最初在整体力量上处于劣势，但其在美国的支持下非但没有被阿拉伯国家摧毁，反而逐渐成为了中东地区具有影响力的强国之一。面对战争失败的局面，阿拉伯激进分子采取恐怖主义袭击来继续打击以色列。

在整个过程中，恐怖主义伴随着原教旨主义的兴起而逐渐蔓延。具体表现在：

（1）恐怖主义活动的参与者增多。巴勒斯坦阿拉伯人原本在自己

① 杨尚武. 中东恐怖主义产生的原因［J］. 阿拉伯世界，2003（4）.

的土地上生存发展，但是在几次中东战争后竟沦为中东地区的难民。国际社会当初将其领土强行分割，随后又无力阻止以色列对其领土的进一步侵蚀，国际制裁和干预形同虚设。

美国在中东事务上对以色列的偏袒和放纵，使得这些难民将美国视为残害阿拉伯人的邪恶力量。同时，阿拉伯人频繁地发动战争并没有解决日益恶化的巴以冲突，巴勒斯坦人也再没有同伴会替他们出面争取权利，更没有实力与以色列抗争。在这样的处境下，对现状不满的底层民众和仇视外部势力的青年人成为了宣扬原教旨主义的有生力量，因而有越来越多的阿拉伯人选择通过极端的方式打击犹太人并引起国际社会对中东问题的关注。①

（2）激进阿拉伯国家对武装力量的扶持。一方面，伊朗在 1979 年后开始输出革命，扶持地区宗教势力，将西方国家作为主要的打击目标，这为极端宗教思想的蔓延提供了国家层面的支持；另一方面，在阿以冲突长期的发展过程中，阿拉伯部分国家一直支持激进组织对以色列的恐怖暴力袭击。例如，叙利亚对黎巴嫩真主党的支持和黎巴嫩对巴解组织的支持。这些组织为了打击以色列，不断采取非常规的斗争方式，并具有恐怖主义的特征，加速了恐怖主义活动在地区的蔓延。

进入 20 世纪 80 年代后，恐怖主义活动呈现出更加活跃的态势：以色列为了打击巴解组织发动了黎巴嫩战争，但战争后叙利亚拒绝撤离，并不断制造暴力和恐怖袭击；1983 年 10 月，241 名美国的服役人员在恐怖活动中丧生，里根决定通过武力打击叙利亚所控制的黎巴嫩地区。在这个过程中，以色列与美国在情报交流和沟通反恐经验上合作密切，以色列成为了美国的反叙前线；② 1985 年 6 月，一架飞往罗马

① 张家栋. 中东恐怖主义和国际反恐合作现状［J］. 阿拉伯世界研究，2008（6）.

② 李洁宇. 论以美特殊关系的根源——以色列总理决策的“理性”成因［M］. 上海：上海交通大学出版社，2012.

的美国客机被劫往贝鲁特，劫机者要求以色列释放在入侵黎巴嫩时所逮捕的什叶派穆斯林，要求科威特释放袭击贝鲁特美国使馆的成员，并威胁将杀死机上乘客；1985年12月，恐怖分子在罗马和维也纳机场扫射乘客，5名美国人在袭击中丧生，事后美国怀疑这次恐怖袭击是由卡扎菲所指使的。1986年4月，里根政府在对利比亚进行军事报复后，卡扎菲甚至威胁将发动全球性的恐怖主义袭击。[①] 在这一系列的恐怖袭击中，以色列和美国成为了恐怖主义活动的最大受害者。

恐怖主义在1979年后开始从原来的世俗性恐怖主义逐渐转向了宗教性恐怖主义，这使与阿拉伯人格格不入的犹太人成为了中东地区新时期恐怖主义的重点打击对象。在沙米尔执政时期，以色列消极面对和谈进程必然会激化激进势力的敌对情绪，犹太复国主义和原教旨主义之间矛盾也会加剧，这就需要与美国加强战略合作关系以获取更多的安全保障。同样的是，里根时期在对和平进程的重要性降级后也会招来民族和宗教激进势力的仇恨。在美国不愿过多干涉中东事务的前提下，就更需要以色列来出头打击蔓延的恐怖主义。

三、美国推动和平遇阻

黎巴嫩战争后，虽然阿以双方再未发生大规模的军事冲突，但阿以和平进程并未出现新的突破，反而在20世纪80年代陷入了低谷。

里根执政初期，美国实际上对阿拉伯国家和以色列的政策未有明显偏向。出于抗苏的全球战略，美国在巩固以美关系的前提下也需要推动中东和平进程。为了形成其主导下的和平，美国率先出台了“里根方案”和“舒尔茨计划”。1982年9月，里根对于和平进程提出了几点建议：①应该通过“土地换和平”的方式解决阿以冲突；②建立与

① 赵伟明等. 中东问题与美国中东政策［M］. 上海：时事出版社，2006.

约旦相联系的巴勒斯坦自治政权，但在此前应有五年的过渡期；③以色列立即冻结其在所占领土上的定居点建设活动，美国不支持建立巴勒斯坦国但也不支持以色列控制被占领土；④以色列不会被要求回到1967年时的边界，美国对以色列的安全承诺是坚定不移的；⑤耶路撒冷不会被分割。[①] 美国希望在此基础上由温和的阿拉伯国家约旦带头，对巴解组织进行劝说，共同启动和平进程。然而1983年，约旦国王侯赛因告知美国他与阿拉法特的谈话失败。在黎巴嫩战争中遭受重创的巴解组织根本无意与以色列达成和谈，里根关于中东和平的计划就此破产。

但之后在国际社会和阿拉伯国家的共同压力下，巴解组织适当地调整了对以色列的政策。1985年，“约巴协定”签署，制定了约巴同以色列谈判的方案，然而阿拉伯国家内部却因此产生了巨大的分歧。例如叙利亚总统阿萨德对于阿拉法特与约旦国王侯赛因的合作表达了强烈的反对，叙利亚开始在巴解组织内部挑起分裂，并试图杀害阿拉法特。最终由于叙利亚和巴解组织内部激进势力的反对，“约巴协定”未能实施。[②]

20世纪80年代中后期，以色列所占领土上爆发了巴勒斯坦起义。沙米尔政府面对不断升级的暴乱，采取了坚决的暴力镇压。为了缓和巴以冲突，美国国务卿舒尔茨在以色列和巴解组织之间穿梭劝阻。然而，以色列和巴解组织并没有接受直接谈判的建议，也没有接受舒尔茨随后提出的多边谈判的修正方案，美国推动和平的努力再一次受阻。值得注意的是，在这次巴勒斯坦起义中，新的激进组织哈马斯诞生了，它的反以宣传往往能带动其他激进组织的响应与支持，使巴解组织对

① Elizabeth Stephens. US Policy Towards Israel: The Role of Political Culture in Defining the Special Relationship [M]. Portland: Sussex Academic Press, 2006.

② 陈建民. 当代中东 [M]. 北京：北京大学出版社，2002.

以政策难以转变，从而制约了和平进程的发展。[①]

由于以色列和巴解组织在相互身份认知、被占领土政策上存在巨大分歧，加上部分阿拉伯国家也对和谈表示反对，因而20世纪80年代美国并未在推动和平进程上取得显著的成果。同时，美国在这一阶段的首要任务是扭转冷战中的被动态势，在恐怖主义蔓延以及和平进程无法启动的状况下更需要巩固并提升稳定的以美战略关系。同样的是，沙米尔在这一过程中也需要加强以美战略合作关系以调和与美国在和谈问题上产生的分歧。

第三节　以美关系迅速发展的体现

鉴于美国犹太人对于其胜选的巨大支持以及以美共有的价值观，里根个人立场在短暂的中立后开始对以色列有明显的倾向性。贝京时期以美的双边合作为以色列在里根时代中演变成为美国的重要战略资产夯实了基础。在此基础上，沙米尔将以色列的战略价值同“里根主义”充分融合，在实现其政治目标的同时还推动了以美关系。以美关系在里根和沙米尔共同执政时期之所以称其为“黄金时期”，是因为美国在政策调整后，首先对沙米尔政府对外“以暴抑暴”的打击行动采取默许态度，其次在战略合作关系上首次将以色列纳入其全球战略之中，最后在对以援助上保持着高水平的经济军事援助。中东地区虽然动荡，但以美间摩擦少见，双边关系发展极其迅速。

① 吴磊，王勇辉. 哈马斯与中东和平进程［J］. 现代国际关系，2002（3）.

一、沙米尔暴力镇压阿拉伯人起义

1987 年开始的巴勒斯坦阿拉伯人起义为利库德集团的持续执政营造了特殊的背景，创造了舆论支持，还体现了里根与沙米尔对以美特殊关系的维护。

（一）起义爆发的现实背景

1968 年，在西岸和加沙地带居住的阿拉伯人接近 95 万人，1986 年这个数字已经接近 130 万人。经济的发展将土地之间的界线打破，巴勒斯坦人大量涌入以色列谋求生计。然而，巴勒斯坦人无论在福利上还是身份上都得不到与犹太人同样的待遇，以色列各个行业中充斥着大量的非法巴勒斯坦雇员。

巴勒斯坦工人在以色列的生存环境极为恶劣，无休止的劳作、较低的报酬、不被尊重的人格促使这些人迫切需要一个可以为他们争取利益的领导者。虽然巴解组织一直在为巴勒斯坦人的权利而斗争，但毕竟它远处突尼斯，所以巴勒斯坦工人在以色列并没有掀起大规模的抗议或暴力活动，只有些许的游击队伍活动在加沙和西岸地区。阿拉法特自巴解组织成立以来一直认为阿拉伯邻国会帮助巴勒斯坦人解放自己的“国家”。然而黎巴嫩战争结束后，却没有一个阿拉伯国家愿意庇护被驱逐出来的巴解组织。更重要的是，阿拉伯国家随后更重视两伊矛盾的解决而相对忽略了巴勒斯坦问题。巴解组织离开黎巴嫩后鲜有作为，因而在以色列生存的巴勒斯坦人为了维护自己的利益不得不寻找自己的“方法”。

在巴解组织外，巴勒斯坦阿拉伯人中曾有权威人士提出过大胆的假设，认为在接受“大以色列”领土范围的基础上，巴勒斯坦地区可以演变出一个“双民族”的国家，但这一假设最终在利库德集团的执政思想下破灭了。很显然，对于利库德集团而言，“大以色列”不仅是领土上统一的概念，更是单一民族的概念。[①]

激化的民族冲突和越来越突出的社会矛盾在20世纪80年代中期促使巴勒斯坦阿拉伯人的暴力活动开始抬头，虽然当时并没有形成规模，但最后的爆发是可以预见的。

（二）沙米尔暴力镇压起义

1987年12月8日，一辆以色列犹太人驾驶的卡车冲入加沙地带的巴勒斯坦难民营，造成4人死亡。巴勒斯坦阿拉伯人起义立即蔓延开来，被占领土地上巴勒斯坦人积累已久的愤怒转化为了暴乱。以色列军队面对大规模的暴乱慌忙镇压，造成了巴勒斯坦人大量死伤，很快整个西岸地区也被骚乱笼罩了。“法塔赫”根本没有预想到这一次车祸事件会引发如此强烈的骚乱，但它在第一时间立刻派出代表进入加沙和西岸地区，紧接着便掌控了起义的局势。巴解组织的介入开始让利库德集团对这一次大规模的阿拉伯人起义进行了“预判”，即这是一次巴解组织发动的暴力抗议活动。同时，随着暴力活动的扩大，哈马斯这一激进力量也加入了这一波起义，并开始在巴勒斯坦人中煽动更多的敌对情绪。[②]起义在随后的几个月里蔓延至耶路撒冷、特拉维夫等以色列重要城市。

巴解组织和“哈马斯”参与起义是沙米尔做出暴力镇压决策的主要原因。沙米尔采取坚决的铁拳政策进行镇压，切断水电、拆除阿拉伯人房屋、逮捕起义煽动者，这一系列行动获得了大部分以色列民众的支持，但这个政策同样使那些试图减少巴以矛盾的人们感到忧虑。[③]

1988年初，面对恶化的巴勒斯坦起义，美国国务卿乔治·舒尔茨在与巴勒斯坦全国委员会成员会晤后，提议巴勒斯坦人与以色列进行

①② Howard M. Sachar. A History of Israel from the Rise of Zionism to Our Time [M]. New York: Alfred A. Knopf, 2010.

③ 阿伦·布雷格曼. 以色列史 [M]. 杨军译. 上海：东方出版中心，2009.

和谈并举行国际会议，这一举措立即遭到了以色列的拒绝。同时，沙米尔在以色列1988年议会选举前便对舒尔茨坦言，联合国242号决议将不适用于与巴勒斯坦人和约旦人的谈判。舒尔茨随后又提出了许多对于自治计划的修订方案，例如举办黎巴嫩、叙利亚、约旦—巴勒斯坦联合代表团与以色列的面对面谈判，对此沙米尔仍旧不予赞同。与此形成鲜明对比的是，1988年11月，里根政府对阿拉法特施加巨大压力，最终迫使其接受了联合国安理会242号决议，并要求其放弃恐怖主义活动并承认以色列的主权。①

20世纪80年代中期开始的阿拉伯人起义对利库德集团而言是极为有利的，美国在“里根主义”的引导下也并未迫使沙米尔停止暴力镇压活动。沙米尔的镇压决策帮助利库德集团达成了三个目的：①抨击工党对待起义问题上的软弱，为下次大选做了铺垫。②阿拉伯人的暴力活动威胁到了犹太人的生存，因此利库德集团可以借助起义鼓吹领土扩张的计划，为定居点建设和吞并领土营造舆论。③倾向右翼的以色列政治力量随着起义局势的恶化有所扩大。

（三）“里根主义”助长沙米尔的暴力镇压决策

之所以巴勒斯坦阿拉伯人起义能够恶化蔓延，且沙米尔政府能够毫不犹豫地采取武力措施打击起义运动，与“里根主义”的关系密切。

首先，里根上任初期中东计划破产，加上黎巴嫩战争后地区恐怖主义活动的上升，促使里根政府不再积极解决巴以问题，转而确定了反苏为主的中东政策。美国为了打击苏联势力，必须要确保以色列这一稳定盟友的配合，并同时在中东地区采取分化阿拉伯国家的战略。黎巴嫩战争后，里根政府未曾对以色列采取高压政策迫使其推动和平

① Colin Shindler. The Land Beyond Promise: Israel, Likud and the Zionist Dream [M]. London: I. B. Tauris Press, 2002.

谈判，那么在阿拉伯人起义中，美国也不可能对以色列产生实质的压力，沙米尔政府对舒尔茨计划的直接拒绝就是例证。

其次，在以色列打击巴勒斯坦人起义的过程中，以美战略关系反而在升级，这说明了“里根主义”背景下以美关系是美国中东战略的核心利益，而巴以冲突的解决对于美国而言没有提升到一定高度。以美关系的不断加强使沙米尔政府更加肆无忌惮地采取武装镇压行动。

最后，“里根主义”下以美建立的战略同盟关系对以色列的安全做出了重要的承诺，因此沙米尔政府更有理由为了“安全”而对威胁进行反击，但美国却难以出面干预。

二、沙米尔时期以美战略合作达到高峰

利库德集团所采取的强硬政策依赖于强大的军事力量和稳定的以美战略关系。因此对沙米尔来说，以美间的战略合作是以美关系中最核心的内容。沙米尔执政时期以美战略合作有了空前的发展，特别是意识形态色彩浓厚的“里根主义”出台后，以美关系进入了以色列建国以来最亲密的阶段。沙米尔是“大以色列”信仰的坚决支持者，在中东地区恐怖主义活动频发、美国抑制苏联势力扩张和巴以冲突加剧的 20 世纪 80 年代，这两种意识形态的融合便衍生出了以美战略合作的高峰。

贝京时期，以美战略合作关系不再仅仅是口头上的国防合作关系。为了抵抗苏联力量的扩张，卡特和里根时期美国将以色列视为不变的战略资产。1979 年，以美之间在国防合作上的第一项谅解备忘录签署，其不仅明确了以美间的国防合作项目，还使以色列拥有了获取美国技术转让的权利。1981 年 11 月 30 日，美国与以色列签署了另一个以美谅解备忘录，为抵御新的苏联威胁和提高以色列国家安全，双方

决定建立长期磋商合作机制。[①]

虽然沙米尔在阿以问题上时常与美国立场相反，但反而是其执政时期逐渐将以美战略合作推向了新的高度。里根促成以美战略合作高峰旨在打击苏联在中东的势力，沙米尔的积极回应则是为了在中东乱局中攥紧美国这一战略依靠。

在双方意识形态和战略需要的推动下，以美战略合作高峰逐渐成形。1983 年 10 月 29 日，里根政府签署了第 111 号国家安全决议，重申了和以色列进行战略合作的概念。1983 年 11 月，沙米尔访问美国，以美再次开启双边战略合作对话，联合建立了政治军事委员会，推进实施谅解备忘录中的具体条款，还正式签署了《美以战略合作协议》。这一份协议包括了将以美联合军演制度化、加强以美之间的情报合作、允许美国使用以色列的军用物资以及美国帮助以色列研制尖端武器等内容，标志着以美在军事上的正式结盟。[②] 1984 年，以美展开海空军事演习，美国在以色列开始建设军事物资储备设施。1987 年，以美签署了一个为期十年的备忘录，取代了存在八年之久的美以合作协议，这项备忘录取消了一些对以色列购买美国武器的限制。[③]

在一系列战略协议的推进下，1988 年以美战略合作最终迎来了它的高峰，当年以美签署协议将以色列正式指定为美国非北约国家的主要同盟国，这个协议使以色列在获取美国军事装备时拥有了优先权，也意味着美国站在全球战略层面定位了以色列与美国的战略合作关系。1989 年 9 月 8 日，以美签署新的战略合作协议，一是允许以色列租借美国武器设备，二是美国将再为以色列优先提供价值 10 亿美元的军事援助。在 1989 年东欧剧变之前，以美还在以色列租借美国军事装备和

①③ 李伟健. 以色列与美国关系研究［M］. 北京：时事出版社，2006.
② 张士智，赵慧杰. 美国中东关系史［M］. 北京：中国社会科学出版社，1993.

美国预先在以色列设立军事补给设施的问题上曾达成一致。[①]

由此可见，以美战略关系在沙米尔执政时期彻底告别了起伏状态，两者在军事上正式成为了盟友。沙米尔时期的以美战略合作关系无论在军事技术、合作深度上，还是范围上都取得了突破性的进展，是以美战略关系的黄金时期。究其根源，是由于“里根主义”下的美国需要以色列帮助其实现中东利益和全球战略规划，而利库德集团所带领的以色列也需要强大的战略依靠推行其在中东地区强硬的对外政策。

三、沙米尔与里根时期美对以援助状况分析

贝京执政时期，美国对以色列的援助往往与中东和谈相挂钩。卡特执政时期美国积极推进和平进程，因此将对以援助作为促使以色列推进和平谈判的筹码，以此来迫使贝京在部分问题上做出让步，最终才成功地促成了《埃以和平条约》。在里根执政时期，美国出于国际和地区战略的需要，将对以援助大幅提升，尤其在多个战略协议的框架下还将军事援助制度化。[②]

表 4-1　1978~1988 年美对以援助数额统计表

单位：百万美元

年份	经济援助	军事援助	援助总量	占以色列 GDP 百分比（%）
1978	2147.92	2712.7	4860.62	8.55
1979	1983.5	10041.79	12025.29	20.21
1980	1814.05	2308.1	4122.15	6.69
1981	1606.1	2943.12	4549.23	7.05
1982	1585.86	2754.6	4340.46	6.63
1983	1479.24	3203.44	4682.68	6.97
1984	1653.76	3089.44	4743.2	6.91
1985	3432.4	2464.23	5896.63	8.22

① Clyde R. Mark. Israeli-United States Relationship [M]. New York: Nova Science Publishers, Inc., 2006.

② 储永正. 美国对以色列军援政策的变化及其成因 [J]. 西亚非洲，2011 (9).

续表

年份	经济援助	军事援助	援助总量	占以色列 GDP 百分比（%）
1986	3265.51	2963.11	6228.63	8.39
1987	2011.65	3017.48	5029.13	6.38
1988	1950.3	2925.45	4875.75	5.97

注：阴影部分为联合政府工党执政时期数据。

资料来源：Robert O. Freedman. Israel and The United States：Six Decades of Us-Israeli Relations［M］. Boulder：Westview Press，2012.

从表 4-1 看出，在贝京时期美国对以援助呈现爆发趋势后，沙米尔与里根共同执政时期美对以援助趋于稳定，通过数据我们也可以发现这一时期的援助总量仍处于以美援助历史的黄金时期，并且军事援助成为美国对以色列援助的主要内容。这种情况的产生有以下三个层面的因素：①里根时期，美国希望借助以色列打击恐怖主义，因此对以军援增加；②以色列拥有强大的军力是美国施压阿拉伯国家、扩大中东影响力、遏制苏联势力的关键，只有提高军援才能保证以色列的战略价值；③里根的上台与美国犹太人对他的支持关系密切，因此保持高水平的对以援助是里根政府的合理选择。①

从表 4-1 也可以发现，沙米尔和里根共同执政时期美国对以色列经济、军事援助总量整体稳定，区间维持在 47 亿~50 亿美元。具体来看：

（1）经济援助层面。美国对以援助在 1983~1988 年处于相对较高的水平，佩雷斯执政时期的短暂爆发是美国帮助以色列处理国内经济问题所致。以色列在当时处于高度的通货膨胀阶段（超过 400%），除此之外还有恶化的财政赤字，美国所提供的经济援助也是顺势而为。在沙米尔和里根共同执政时期，美国对以经济援助数额稳定，年均值高于贝京执政时期。

① 刘军，张雪鹏. 美国对以色列援助初探［J］. 西亚非洲，2007（4）.

（2）军事援助层面。里根政府告别了初期的促和计划之后，全力打造以色列成为其国际和地区战略的支点，因此军事援助有以下几个特点：①沙米尔和里根共同执政时期美对以军事援助远远高于经济援助，这一点与并行的佩雷斯联合政府时期截然相反（佩雷斯时期罕见地出现经济援助总量大于军事援助总量），可以看出里根政府为以色列的“安全”做出了最实际的表态；②沙米尔和里根共同执政时期，美国对以军事援助在整个军事援助历史中处于较高水平，此后除特殊时期外呈现逐年下降的趋势。而之前高于这一时期美对以军援总量的年份分别在第四次中东战争时期、戴维营协议签署时期。但这些时期的军事援助更多的是基于战争需要和国家间关系突变的考虑，并不是一种战略关系的常态。

综上所述，沙米尔和里根共同执政时期美国对以经济援助稳定，军事援助呈现出制度化的稳定趋势。沙米尔强硬的外交行为和巴以冲突的加剧丝毫未影响到美国对以色列的援助数额，这反映了沙米尔执政时期以美关系的亲密程度。

第五章　以美关系的再调整

在第四章我们已经详述了利库德集团领导人沙米尔的政治经历和意识形态因素，还分析了他对以美关系发展的贡献。然而沙米尔 1988 年再次胜任总理后，国际格局和中东地区形势突变，利库德集团执政受到了新的国际政治环境的挑战。从以色列政治环境看，以色列政局中的右翼势力不断壮大，在持续两年的大规模阿拉伯人起义后左右翼力量上的对立被进一步放大。利库德集团为巩固其执政权，必然在巴勒斯坦人起义后继续宣扬强硬的对外政策与和谈立场。里根执政结束后，以美关系出现了新的变化。老布什政府重新调整了中东政策，而此时沙米尔政府顽固的执政传统与其产生了强烈的对立，最终导致以美关系逐渐进入低谷。在以美关系遇冷与和平进程受阻的影响下，拉宾在大选中击败沙米尔执掌以色列。为了推进和平进程和修复以美关系，拉宾上台后立即采取了积极的新政策。拉宾主动提出愿意讨论巴勒斯坦人自治问题，冻结被占领土上的定居点建设，并表示以色列可以从戈兰高地部分地区撤出。在同巴解组织共塑和平的同时，工党政府还积极同中东其他国家进行和平谈判，中东和平进程被大力推进。然而在拉宾遇刺后，以色列右翼势力再次抬头，内塔尼亚胡在特殊的背景下走上领导地位。克林顿时期美国中东政策的重心仍然偏向实现中东和平，而“大以色列”信仰坚固的内塔尼亚胡自然无法配合其战略，导致在拉宾时代回暖的以美关系摩擦频发。

总体来看，中东格局在整个 20 世纪 90 年代从动荡迅速趋于相对稳定，美国在冷战结束后无可比拟的影响力和其对中东稳定的迫切需求在一定程度上确保了这种态势的产生，中东和平进程在这一时期频频取得重大突破。以色列则由于美国要求推动和平进程而在政局内部出现了明显的派别对立和政权更替。以美关系随着冷战的结束而受到了一定的冲击，美国偏袒以色列的程度显著降低，但以美同盟的实质并未转变，因为和平进程能否取得成果最终取决于阿拉伯国家、以色列和美国共同的努力。

第一节　沙米尔与老布什初现分歧

沙米尔执政期间，其定居点政策和在被占领土问题上的立场比较稳定。但是老布什上任后，全球政治格局突变，美国中东政策出现了调整。由于双方战略利益的矛盾，美对以频繁施压，以美关系走向低谷也初露征兆。

一、沙米尔的定居点建设活动及其影响

相比贝京时期而言，沙米尔时期的定居点建设活动更为活跃，这是他消极和谈、对巴勒斯坦人怀有敌对情绪的直接体现。沙米尔在被占领土上的定居点建设政策是他与老布什的首要分歧点，美国所努力推动的和谈也因此在第一步便遇到了巨大的阻碍。

实际上，以色列在被占领土上的定居点建设活动由来已久，但是在不同时期其规模和速度有所区别。以色列的定居点建设活动旨在对所占领土形成事实上的控制，为以色列未来在确立边界的谈判中赢得

空间。但这一行为无疑使原本就受到不公待遇的巴勒斯坦人更加愤怒，巴以冲突也出现了长久以来无法消散的矛盾点，这也是巴以和谈总是徘徊不前的核心问题之一。

（一）工党时期的定居点建设活动

以色列建国初期，其定居点建设活动具有一定的限制性，基于其相对较弱的国力和恶劣的安全环境，以色列工党政府遵循克制的定居点政策。由于1947年分治决议形成前犹太人定居点在巴勒斯坦地区就已具一定规模，因此这些定居点并没有成为巴以冲突的核心问题。彻底将巴以冲突恶化的定居点建设活动起于第三次中东战争之后，以色列开始在西岸、加沙地带、戈兰高地和西奈半岛建立新的定居点，这也是后来定居点问题的争论内容。工党执政时期，其定居点建设活动在“阿隆计划”和“达扬理论”指导下进行，直至第四次中东战争时这些定居点建设都更倾向于现实的安全需要。比如在西岸地区定居者总数也不过千余人，其他地区的定居点为了避开阿拉伯人聚居区在规模上也受到限制，因此可以说工党策划的定居点建设活动主要是为了在日后阿以谈判中拥有更多的筹码，同时定居点建设活动也是在被占领土上有所舍弃的现实需要，并不带有浓厚的意识形态色彩。①

（二）贝京时期加速定居点建设

相比之下，利库德集团始终不忘“大以色列”的终极追求，在无法直接吞并西岸和加沙地带的情况下采取了变通的方法，即实施蚕食吞并政策，加速建设大规模的犹太人定居点，并将国内的管理、司法和法律体系引入这一地区。② 利库德集团的出现和执政将定居点建设推向新的阶段，第四次中东战争后利库德集团联合宗教及民族主义势力对工党的定居点建设政策发难，借助民众对阿拉伯世界的仇恨鼓吹在

①② 李兴刚. 阿以冲突中的犹太人定居点问题研究［M］. 昆明：云南大学出版社，2011.

被占领土上的“历史权力”，最终煽动非法定居点自发性的迅速扩张，这样一来使工党政府也无力控制脱离规划的建设活动。贝京执政时期，以色列政府不仅承认了非法定居点，并扩大定居点建设计划，仅仅一年时间定居者已超出了1976年工党政府所承认的3000余人，突破了万人数量。在贝京第一任期内，以色列在被占领土上共计新建了35个犹太人定居点，定居者总数到达1.7万人。[①]

（三）沙米尔全力推进定居点建设

如果说在工党执政时期和利库德集团执政初期以色列迫于美国的压力在定居点建设活动上还有诸多限制，或是被迫放缓定居点建设活动，那么沙米尔时期的定居点建设活动则在最低程度的干预下和强烈的意识形态引导下达到了历史的高峰。

沙米尔同贝京类似的是，在采用一种实用主义的方式保证以色列安全的同时，也会被意识形态所控而采取行动。沙米尔在进入利库德之前一直投身于修正主义运动和组织之中，坚信犹太人对“以色列地”的任何地方都拥有权利。他对领土的立场在反对《戴维营协议》之时就已明确表达，那就是拒绝归还任何“以色列地”范围内的土地给阿拉伯人。因此，沙米尔必然会维护原有的定居点建设，在保证这些满足“安全”的定居点之外，还将为了“大以色列”信仰进一步加速和扩张定居点建设。

截至1984年，已经有112个定居点建立了起来，有将近3万犹太人居住，此后定居点建设步伐在里根时期稳步上升。1988年大选后，以色列政局中右翼势力壮大，定居点建设因此进入高峰阶段。1989年，伴随着苏联解体，苏联犹太移民剧增，沙米尔在组建新政府的同时宣布计划大幅增加所占领土上的定居点建设数量，将在约旦河西岸

① 李兴刚. 阿以冲突中的犹太人定居点问题研究［M］. 昆明：云南大学出版社，2011.

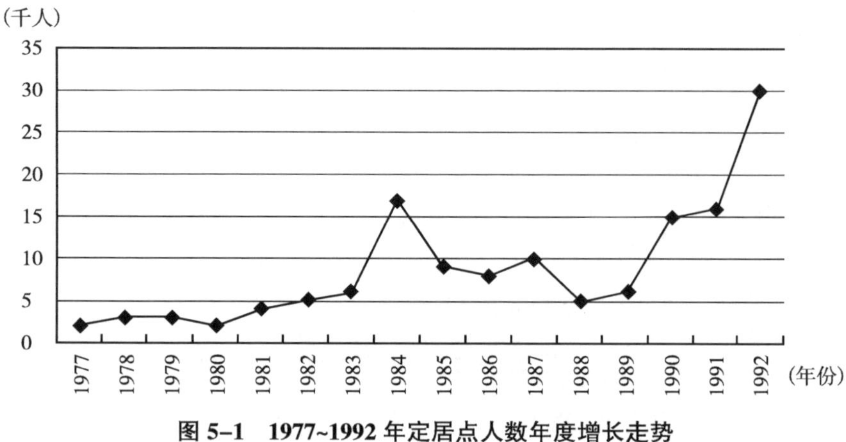

图 5-1 1977~1992 年定居点人数年度增长走势

资料来源：Colin Shindler. The Land Beyond Promise：Israel，Likud and the Zionist Dream ［M］. London：I. B. Tauris Press，2002.

建造新的定居点，并扩建原有的定居点，直接导致工党退出联合政府。在沙米尔的第二段任期里，以色列又新建了 7 个犹太定居点，定居者的总数也达到了 10.7 万人。①

相比贝京时期而言，沙米尔定居点建设活动有两个更加明显的特征：一方面，新建定居点和住房数量更多，另一方面，定居点人口增长更快。1990 年，沙米尔任命利库德集团成员沙龙为住房部长，负责西岸和加沙地区的定居点建设。自此之后，计划建设的定居点住房数量增加了 4 倍。1991 年 3 月，沙龙宣布在之前开始建设的 2150 所住房将逐渐完成。在 1991 年底，还将有 4670 个新的住房建设计划，1992 年则将有 6200 个新的住房建设计划。在沙米尔授权和沙龙积极部署下，被占领土上定居点人口发展壮大的速度极其惊人，远远超过了贝京时期，从 1977 年的年增长 2000 人，预计在 1992 年将达到年增长 3 万人。②

① 李兴刚. 阿以冲突中的犹太人定居点问题研究 ［M］. 昆明：云南大学出版社，2011.

② Colin Shindler. The Land Beyond Promise：Israel，Likud and the Zionist Dream ［M］. London：I. B. Tauris Press，2002.

沙米尔的定居点建设活动在美国推动中东和平进程的过程中，一方面违背了以色列民众对和平局势的向往，另一方面成为了以美关系遇冷的主要现实原因。

二、被占领土和定居点建设问题促使美对以施压

（一）老布什中东战略的调整

随着苏联威胁的瓦解和冷战两极对峙格局的消失，老布什上台后将美国全球战略的重点做出调整，从遏制苏联转为削弱地区大国势力和遏制激进民族主义势力。中东在世界地缘政治中占有十分重要地位，是美国以“两洋一区”为重点的全球战略中的“连接点”。苏联势力在中东的瓦解给美国创造了一个建立以美为主导的“中东新秩序”的机会。但是，海湾地区的霸权主义、激进的民族主义以及极端宗教主义的出现使美国的中东新战略面临严峻挑战。与此同时，老布什政府十分关注这个地区石油资源对美国的重要性。只有保证了这个地区的稳定，才能维持美国在这个地区的石油利益。综合这些因素，老布什认为如果不能很好地解决巴以冲突问题，那么阿拉伯人的暴力抗争将会越来越激化伊斯兰极端组织的活动，与美国对抗的中东地区势力也将更加激进，在地区矛盾和冲突加剧的情况下稳定也就无从谈起。①

总体来看，以美关系的内容也有以下两个层面的迅速调整：

（1）随着东西方冷战的结束，以色列对美战略重要性相对下降，美国在追求自身利益的过程中相比之前可以更从容地加大对以色列的政治压力，迫使其接受美国对中东事务的安排。

（2）为了推动中东和平进程，以色列希望在国际局势变化下建立起对中东事务的主导权，美国着重提升与温和派阿拉伯国家的关系。

① 贺鉴. 冷战后美国中东政策［J］. 阿拉伯世界，2002（2）.

在中东地区各种力量重新分化组合的背景下，美国如果要保持其长远利益，就必须笼络住一批阿拉伯国家，相应地改变了它在里根时期亲以的立场。[①] 沙米尔自然也看到了这一点，很显然自此美国在巴以冲突中不仅不会再大幅度倒向以色列，对巴解组织的态度也将相对的温和化。

（二）沙米尔定居点政策导致以美初现分歧

在老布什需要中东稳定的同时，利库德集团内部的实用主义者也开始计划向以色列民众和国际社会提出解决巴以冲突的方案。1988 年选举后成立的联合政府内部分歧很大，利库德集团与工党对于和平进程的积极性完全不同。1988 年 6 月，阿拉法特和其助手发表了一篇声明，指出其愿意与以色列展开直接谈判，甚至会考虑承认以色列的合法地位。在这个背景下，佩雷斯和拉宾表态如果利库德集团执政期间在和平进程上还不能很好地推进，那么将提出辞职。在和平问题上，利库德集团面临老布什政府、工党的双重压力，不得不寻找新的解决途径，沙米尔任期末尾的以美关系必然也会在这一个转变中产生剧烈的摩擦。新任的外交部长莫夏·阿伦斯也对阿拉法特的声明十分看好。趁此机会，为了能够在解决巴以冲突上迈出一步，他为沙米尔列出了解决巴以冲突的“沙米尔计划”。该计划提出中东和平进程应该在《戴维营协议》和联合国安理会 242 号、338 号决议基础上开展，但以色列与中东阿拉伯国家的和谈不应将巴解组织纳入其中，计划中也坚决反对建立巴勒斯坦国。在三年过渡期后，关于领土最终归属问题的谈判将会立即开始，该计划中最重要的是提出了对巴勒斯坦谈判者的分期选举内容。虽然该计划在以色列引起了争论，但仍旧不失为一个沙米尔主动丢给巴勒斯坦人的政治包袱，沙米尔在老布什总统推动和平进

① 达洲. 布什政府调整美国对以色列的政策［J］. 西亚非洲，1991（2）.

程的过程中并不想承担破坏和谈的责任。[①]

然而老布什总统似乎更想直接从巴以冲突的核心问题入手，他在还未了解“沙米尔计划”之前便开始发难，认为以色列首先应该结束其对西岸的占领。此后虽然老布什对“沙米尔计划”也表示了认同，但又开始催促以色列提出关于分期选举的具体建议。更重要的是，里根时期对于利库德集团政策的容忍态度随着贝克的上任逐渐消失了，老布什与贝克的态度也再一次表明了里根时代可能是以美关系中难再达到的黄金时期。

从1989年开始，老布什首先不顾以色列的反对与巴解组织展开直接对话。在利库德集团的眼中，巴解组织是当时以色列最为重要的敌对势力，因为其宪章中明确将“彻底摧毁以色列”作为组织目标之一，且长期以来与以色列处于军事对抗之中。沙米尔在巴以冲突问题上强硬坚决的立场在新的阶段显然已经让美国人失去了耐心，利库德集团也意识到了自己又要再一次借助一切方法维护“大以色列”理念了。

果不其然，美国在埃及释放出谈判信号后立即开始对以色列进行施压。1989年，埃及总统穆巴拉克提出了关于和平的计划，该计划中明确要求以色列应遵守“土地换和平”的原则并立即停止所有的定居点建设活动。计划提出后，以色列联合政府内部对此出现了分歧，利库德集团与工党之间展开了争论，这也被看作是日后利库德集团联合政府垮台的开端。

1989年10月，为了支持埃及对和平谈判的态度以及进一步对以色列施压，贝克推出了自己的中东和平计划。他认为，巴以对话应在开罗举行，由埃及出面同巴以美三方磋商，巴勒斯坦人可以自由地提

① Colin Shindler. The Land Beyond Promise: Israel, Likud and the Zionist Dream [M]. London: I. B. Tauris Press, 2002.

出任何要求，为了尽早地实现和谈，以美埃三方外长应在两周内进行会面。与此同时，贝克再一次针对沙米尔的定居点建设政策进行责备。贝克认为，沙米尔应该从“大以色列”这一不切实际的幻想中醒来，放弃所占领的领土，立即结束所有定居点建设活动，给予巴勒斯坦人应该有的政治权力，还强调“土地换和平”是推动和平进程的真正途径。[①]

1990 年，贝克又在以色列公共事务委员会（以色列在美国国会中最主要的游说组织）的一次演讲中指出，美国应走合理的中间路线，呼吁阿拉伯世界停止暴力并与以色列进行接触，停止经济制裁，不能将犹太复国主义视为种族主义。贝克强调美国会将以色列“送至”和谈进程中。在谈到沙米尔计划时，他认为在合适的时间举行一次国际会议将十分必要，但要确保它是阿以的直接对话而不受任何干涉。这次演讲中贝克又再一次重申了美国对于沙米尔定居点计划的态度，要求其遵循贝克计划中所要求的原则。[②]

在不断推动中东和平进程的同时，美国针对沙米尔顽固的领土和定居点政策对其持续施压。1990 年 5 月，阿拉伯国家在联合国提出提案，指责以色列在所占领土上建立新的犹太人定居点是非法行为，美国拒绝了以色列要求否决该提议的要求。1990 年 7 月，老布什再次致函沙米尔，明确表示美国反对以色列扩大现存的定居点，这与里根时期截然相反。

至此，老布什上台后出于战略需要对亲以路线所做的调整完全表露了出来，老布什政府在对待以色列的态度上不再具有明显的倾向性，在阿以冲突和巴以冲突的问题上更多的是在消除以色列所产生的阻碍，抬高阿拉伯国家的地位。在和平谈判未开始之前，老布什便持续对沙

①② Colin Shindler. The Land Beyond Promise: Israel, Likud and the Zionist Dream [M]. London: I. B. Tauris Press, 2002.

米尔的定居点建设政策进行施压，迫使其做出让步后达成促进和平谈判的目的，而定居点建设计划则是沙米尔在“大以色列”信仰下所进行的最主要的战略部署。由此可见，以美对于巴以冲突中的核心问题一开始就显现出了巨大的分歧，沙米尔所计划的大规模定居点建设活动与老布什政府的立场背道而驰，也注定了之后沙米尔领导下的以色列在以美关系的发展中将面临困境。

第二节　以美关系的阶段性低谷

沙米尔和老布什共同执政时期，两者围绕定居点建设活动和被占领土初现分歧，随后海湾战争的爆发进一步将以美关系逐渐推向低谷。海湾战争中，老布什迫使沙米尔对伊拉克的导弹袭击采取克制政策，以色列主权遭受巨大损害，人员财产损失惨重，激发起民众对于执政党的强烈不满。随后沙米尔参加由美国主导的马德里和会，导致政府内部的分裂。马德里和会后，为了挽回其丧失的执政公信力，沙米尔重开定居点建设活动，最终导致以美关系进入低谷期，利库德集团也在内外压力下结束执政。

一、海湾战争与以美关系的迅速滑落

如果说老布什政府开启了利库德集团在以美关系中的困境，那么海湾战争的爆发则真正将利库德集团和以美关系推向了低谷，同时也反映了老布什时期美国对以美关系的显著降级。

（一）老布什迫使沙米尔对伊拉克袭击保持克制

1990 年 8 月 2 日，伊拉克武装力量进入了科威特，萨达姆·侯赛

因立即宣称科威特成为伊拉克领土的一部分，并且表示自己是应科威特新政府邀请而来的。以色列立即向美国寻求帮助，然而并未得到任何回应。沙米尔担心的是伊拉克将有可能进入约旦并随之攻击以色列。8 月 8 日，美国派出大使来到以色列，表明美国将驻兵沙特，希望以色列不要采取任何先发行动。以色列则希望美国能够向其提供卫星照片以观测伊拉克军队的部署。

在萨达姆看来，以色列极有可能在针对其进行战争准备。同样，对沙米尔而言，以色列也面临着被化学武器攻击的可能。1990 年 8 月 15 日，沙米尔内阁讨论伊拉克空袭以色列和进军约旦的可能性，几天后以色列空军便开始进入战争准备状态。面对战争所做的准备对以色列而言是沉重的经济负担，因此以色列外交部长阿伦斯不断向美国寻求经济和军事援助。除了应对伊拉克的军事花费之外，以色列还要求额外的经济援助以均衡沙特不断增强的军力。然而美国只许诺了提供爱国者导弹和必要的物资准备，这与以色列所需要的战略援助相去甚远。1990 年 8 月底，美国总统老布什对于以色列可能会遭受伊拉克化学武器攻击这一危机进行了表态，他认为以色列拥有足够的能力进行自卫。[①] 很显然，美国在这个时候对于强硬的利库德政权并不同情，甚至只是担心美国在中东的部署被以色列打乱。时任美国国家安全顾问的布伦特·斯考克罗夫特将军警告沙米尔政府，以色列在遭受伊拉克导弹袭击后不得予以反击。对此阿伦斯则回应，反击是以色列的必然选择。[②]

此时，以色列不仅要面对伊拉克随时可能发动的导弹袭击，还要

① Karen L. Puschel. U.S.-Israel Strategic Cooperation in the Post-Cold War Era: American Perspective [M]. Jerusalem: The Jerusalem Post, 1992.

②Moshe Arens. Broken Covenant: American Foreign Policy and The Crisis Between The U.S. and Israel [M]. New York: Simon and Schuster, 1995.

处理频繁的阿拉伯人起义活动和恐怖袭击。对此，利库德集团进行了坚决的打击和遏制。但老布什政府为了争取阿拉伯国家的支持，在联合国发起了对以色列暴力反击行为的处理决议，随后还针对以色列发布了一系列的谴责声明。美国的确取得了中东“盟友”的“信任”，但以美关系正在一步步地陷入低谷。

美国与阿拉伯国家联合反伊越明显，那么伊拉克对以色列的安全威胁更直接。为此以色列不断地要求同美国建立军事合作，但很显然老布什和贝克将以色列搁置在了战略重心之外，他们为了“联合反伊”而不断在中东地区游说，却唯独避开了同以色列对话的机会。[①] 美国对于以色列的外交转变在此刻彻底显露出来，拉拢阿拉伯国家和压制以色列的行动成为美国反伊战争中的基本路线。面对极有可能发生的导弹袭击，以色列在美国的压力下却不得不被动等待袭击的到来。沙米尔最终被迫表示以色列会重视美国的战略利益，在小规模受袭的状态下不会采取反击。美国随后又派出了代表团劝说以色列领导层，依旧要求以色列决不能对伊拉克的袭击采取行动。老布什政府坚信，只要以色列被拖入战争，那么阿拉伯和西方国家的反伊联盟将被瓦解。由于美国对自身利益的过度关切和对沙米尔政府的持续施压，之前以美关系中的信任感很显然正在消失。[②]

1990 年 11 月 29 日，联合国安理会通过 678 号决议。决议表明，如果伊拉克在 1991 年 1 月 15 日之前仍未撤出科威特，那么为恢复原有的地区和平将会对其进行军事打击。萨达姆自然不会有任何退让。1990 年 12 月，以美在海湾战争爆发后进行了第一次会谈，会谈的内容仍是以色列应极力克制自己的行为并配合美国的军事行动。1991 年

①② Moshe Arens. Broken Covenant：American Foreign Policy and The Crisis Between The U.S. and Israel [M]. New York：Simon and Schuster，1995.

1 月 16 日，以美国为首的反伊联盟对伊拉克进行了大规模的空袭，海湾战争全面展开。在对伊拉克进行了 5 个月的和平劝说无果后，老布什政府决定以武力驱逐萨达姆。作为对反伊联盟部队空袭伊拉克的回应，萨达姆在 1 月 18 日凌晨向以色列发射了飞毛腿导弹，这是自 1948 年以色列建国以来其城市首次遭受的导弹袭击。3 枚导弹落在了特拉维夫，1 枚落在海法地区，7 人受伤。沙米尔此时遵循了老布什政府的要求，以色列没有做出任何还击。第二天，4 枚导弹再次攻击特拉维夫，这一次造成了 20 人受伤，以色列因此开始计划在伊拉克西部地区进行军事报复行动。实际上，在导弹开始袭击特拉维夫之后，内阁大部分的成员都曾要求对伊拉克进行立即的报复。但此时老布什再次要求沙米尔取消以色列的报复行动，声称美国将清除伊拉克的导弹发射装置，并且为以色列提供爱国者导弹进行防御。与利库德集团强硬传统相反的是，沙米尔最终再次决定将伊拉克的军事挑衅搁置一边，不参与战争。[①] 这不仅反映了以色列在新的地区形势下处于战略被动之中，也反映了以色列对于美国的屈从达到了空前的程度，以至于不得不放弃一部分国家主权。

（二）沙米尔过分屈从美国的巨大代价

沙米尔政府的屈从付出了巨大的代价。1990 年 1 月 22 日，以色列继续遭受伊拉克的导弹袭击，而老布什政府只是一边谴责袭击行为，一边“赞扬”以色列自我克制的表现。以色列民众和部分政府高层此时心中对沙米尔的决策嗤之以鼻，这样的克制在他们看来不仅丧失了以色列的国家尊严，也使得整个国家被笼罩在持续的安全危机之中。更重要的是，利库德集团这种极端迁就美国的战略选择使其民众支持

① Moshe Arens. Broken Covenant: American Foreign Policy and The Crisis Between The U.S. and Israel [M]. New York: Simon and Schuster, 1995.

率和执政公信力大为下降。

以色列在海湾战争中无疑是一个彻底的受害者。海湾战争时以色列已经拥有了强大的国防力量，完全可以对伊拉克采取致命的军事打击，但利库德集团在强硬的老布什面前却让步了，这使以色列人员物资损失惨重。在利库德集团和其领导人的决策下，以色列人民变得毫无安全感，他们对执政者完全失去了信任。因为伊拉克对于以色列人来说原本就是一个心理上无法逾越的阴影。自第二次世界大战时起，伊拉克就是纳粹主义的一员。当提到犹太人和以色列的时候，伊拉克领导人往往带有明显的纳粹色彩，萨达姆也曾说过会将特拉维夫变成另一个奥斯维辛。因而，以色列在被这样的一个国家攻击时保持沉默，显然刺痛了每一个犹太人的心。①

据统计，伊拉克在战争中用导弹摧毁了10000多个以色列人的住所，近1000受伤，20人因此丧命，整个国家都在袭击下被强烈的恐惧感所包围。美国对此表明将为以色列提供6.5亿美元补偿其在海湾战争中的损失。然而这并不是最重要的问题，相比财物损失、人员伤亡而言更严重的是，被动遭受打击给以色列人留下了心理阴影，严重损害了以色列的主权，以色列失去了自我防卫的权利。利库德集团、沙米尔及其追随者们在战争中过度屈从于美国，将以色列的自卫权在海湾战争中交给了充满变数的老布什政府。梅厄时期以色列也曾将安全过度寄托于美国，最终导致其遭受到了前所未有的打击，对以色列的独立自主权造成了巨大的损害。②

海湾战争是美国中东战略转向的最直接体现，美国为了实现其战略部署将变得更加“自利”，利库德集团也将面临愈发沉重的压力。总

①② Herbert Druks. The Uncertain Alliance: The U.S. And Israel from Kennedy to the Peace Process [M]. London: Greenwood Press, 2001.

体看，海湾战争前美国重视阿拉伯国家而常常施压以色列，海湾战争中美国则置以色列国家安全于不顾一心谋划其中东战略。同时，利库德集团则被迫克制其应有的对外政策和行为，违背了自己的执政思想和传统，损害了国家利益，引起了政府和国内的强烈谴责，最终造成了执政权力的瓦解。海湾战争后，沙米尔政权对美国极为不满，这一时期的以美关系迅速滑落。

美国对于以美关系的降级还在战争后的和平进程中再次体现，1992年利库德集团执政的结束从某种程度上讲也是老布什政府中东战略调整所带来的结果。

二、沙米尔勉强参加马德里和会

（一）老布什迫使沙米尔接受和谈

海湾战争结束后，阿拉伯国家进一步分裂，激进势力的影响相对下降。美国在战争中不断对以色列施压并最终成功与阿拉伯国家联合反伊，这使美国彻底掌握了地区事务的主导权，随后老布什将伊拉克的失败视为建立“新秩序”的契机。[①] 在这个新背景下，老布什决定再次推进阿以冲突的和平解决。

海湾战争后老布什认为解决阿以冲突的时间已经到来，因此开始对阿以双方进行劝说，他认为地理范围的扩大并不能保障安全，而安全也无法从军事力量中获取。在此基础上，老布什寻求全面和平的计划应运而生，该计划提出应在联合国242号、338号决议和“土地换和平”原则基础上，确保以色列国家安全，尊重巴勒斯坦人合法的政治权利，同时为推进和平进程而促进地区经济的发展。1991年3月，美国国务卿贝克出使中东，表明了和平计划的构想。阿拉伯人则对此

① 王昌义，吴珉珉. 对中东和平进程的回顾与思考［J］. 外交学院学报，2003（3）.

摆出了传统的“障碍”，那就是他们支持国际和平会议的召开，但前提必须是和平框架能够在联合国决议的基础上诞生，并且必须结束以色列对阿拉伯国家领土的非法占有，确保巴勒斯坦人的民族权利。①

与此矛盾的是，时任以色列住房部长的沙龙却在鼓励犹太人的定居点建设活动，致使老布什要求相关政要不得与以色列进行接触。1991 年 5 月，贝克公开宣称以色列当前的定居点政策是召开和平会议的最主要障碍，老布什认可这一点并希望以色列立即停止定居点建设。但在沙米尔看来，美国这是在谈判还未开始前就要迫使犹太人放弃自己的领土的做法，他自然无法接受。因此，美国此时将沙米尔与沙龙视作和谈的最大阻碍，不断借援助手段对其进行外交施压。② 也许是看到了沙米尔对和平谈判的消极态度，美国为了迫使沙米尔接受和谈提议，将贷款与和谈问题相挂钩。美国首先扣押了曾许诺给以色列用以安置大批苏联犹太移民的 100 亿美元的住房贷款，同时还封锁了以色列的其他贷款渠道。布什威胁性地提出，只有以色列同意参加和会，并冻结其在西岸兴建定居点的活动，才能最终得到这笔贷款。③

（二）和会上以美的巨大分歧

沙米尔并不想参加和谈，但在 1991 年 6 月 14 日叙利亚总统阿萨德明确表态将参加和会后，他无法独自承担和谈破灭的风险。在美国外交和经济的双重压力下，沙米尔在 1991 年 8 月最终认同贝克所提出的和谈构想，同意在联合国 242 号和 338 号决议的框架内开启中东和平会议，也就是后来的马德里和平谈判。在沙米尔看来，阿拉伯国家和以色列一样，在美国面前都不得不同意参加谈判。但同时沙米尔坚

① Howard M. Sachar. A History of Israel from the Rise of Zionism to Our Time [M]. New York: Alfred A. Knopf, 2010.

② New York Times, May 24, 1991.

③ 王新刚，王立红. 中东和平进程 [M]. 北京：时事出版社，2012.

持，同巴解组织有联系的人不得进入巴勒斯坦人民谈判代表团，叙以和黎以之间也可以进行“双轨”的地区合作谈判，在未经双方允许的情况下不得有新的谈判方出现。由于老布什政府对以色列的“降温”加上以色列在海湾战争中的牺牲，利库德集团对于美国已不再像之前那样信任了，对美国的要求也变得更加具体。沙米尔希望美国能重申1975年福特曾认可的戈兰高地对以色列极具重要性的表态，重申以美所签署过的谅解备忘录。最后，他还表示以色列不会承认在谈判未取得任何成果之前联合国安理会将给出的任何相关决议。[①]

1991年10月30日，马德里和平会议正式召开。可就在几天前，针对以色列的恐怖主义袭击依然没有中断，这似乎预示着和平谈判将在分歧中徘徊前行。会议由老布什和戈尔巴乔夫主持，沙米尔和其他阿拉伯代表们共同出席。会议初期，美国首先希望以色列做出领土让步，仅仅停止定居点建设绝不是老布什的目标。但修正主义思想浓厚的沙米尔绝不会接受这一安排，他指出领土问题绝不是和平的关键。因为即便在第三次中东战争前以色列并未占有约旦河西岸地区的时候，阿拉伯国家也从未承认过以色列的存在。

老布什一再谴责利库德集团的定居点政策是和平进程的重大障碍，却未提及原教旨主义的弥漫和地区杀伤性武器的扩散。这是因为苏联解体后美国变成了中东地区最有影响力的国家，因而它可以从容地推行更加“自利”的战略部署，而不必再一味地稳固以色列这一个战略“支点”。老布什政府此时只希望以色列积极配合和谈，为建立起其领导下的中东秩序打开局面。

1991年12月，老布什为了能够真正地达成和平协议，会上提议在华盛顿开展双边谈判。与此同时，巴勒斯坦代表也提出了与以色列

① Herbert Druks. The Uncertain Alliance: The U.S. And Israel from Kennedy to the Peace Process [M]. London: Greenwood Press, 2001.

进行单独谈判的愿望。但是很显然，沙米尔首先从一开始就不想与巴勒斯坦人进行和谈，其次更不可能在被占领土和定居点问题上妥协。在沙米尔看来，如何在和会中全身而退，不与国际社会对立才是最重要的。因此，沙米尔坚持阿以冲突和领土没有联系的观点，拒绝同巴勒斯坦代表对自治问题进行谈判。在这一系列的争论中，马德里和会直至第三阶段都未取得任何进展。沙米尔执政的利库德集团在和会中坚持“安全换和平”的原则，强调和谈的主要目标是实现阿以间互相承认与和平共处，因此不应该围绕领土问题争论不休。但老布什政府一方面认同了“土地换和平”的原则，另一方面要求以色列必须立即在领土问题上做出妥协，这种矛盾和对立使以美关系持续降温。[①]

三、以美关系恶化与利库德集团下台

（一）沙米尔坚持定居点建设活动

海湾战争和马德里和会彻底导致了这一时期的以美关系跌入低谷。从其本质看，是美国在中东形成的绝对影响力使其不再急需一个对抗苏联的战略“支点”所致。作为“唯一”的胜利者，美国成为了地区局势的引导者。老布什在新的局势下，必然会追求美国新的地区利益，推进和平进程是趁势巩固美国中东事务主导权的最佳途径。然而，由于沙米尔自年少以来的意识形态，以及其执掌利库德的多年经历，都使以色列不可能迅速转变其传统的强硬政策，以美关系自然迅速遇冷。

在马德里和会结束几周后，沙米尔的行为继续使以美关系恶化。为了在1992年大选中争取更多的选票，沙米尔对被占领土上的定居点居民做出了承诺，称绝不会按照美国的要求停止定居点建设活动。对

① 王新刚，王立红. 中东和平进程［M］. 北京：时事出版社，2012.

此，贝克立即做出了反应，表示由于沙米尔在定居点建设问题上的顽固，美国将取消对以色列100亿美元的贷款担保，贝克此举是希望借助贷款问题影响沙米尔在选举中的支持率。沙米尔则与其针锋相对，宣称老布什政府已经向阿拉伯人承诺过以色列将不会得到贷款，还表示12万人的定居者对以色列来说也不算多，这种论调无疑使以美关系雪上加霜。[①]

（二）利库德政府的垮台

与此同时，在以色列联合政府内部出现了分裂。由于沙米尔参加和平谈判，三个右翼党派退出了政府。利库德集团参加和谈对右翼分子而言，就是以色列即将屈从美国而放弃领土和定居点的行为。利库德政权自此开始瓦解，具体体现在：

（1）海湾战争和马德里和平会议让此时的沙米尔和利库德集团都疲惫不堪。同时，以色列绝大多数民众的情绪也发生了转变。国内人民的和平呼声不断高涨，有识之士一再呼吁政府与巴解直接对话。一份对1000名犹太居民进行的一项民意调查表明：62%的以色列人认为应当同巴解组织谈判。[②]以色列此时不再是民族激进分子的温床，大部分民众都开始回归理性并希望从正常的发展中享受福利，希望在地区形势的变化过程中实现阿以和平。毕竟在与阿拉伯人将近40多年的斗争中，以色列损失了不计其数的居民和士兵。加上海湾战争后以色列的传统盟友美国在中东拥有了绝对的控制力，因而以色列民众有了一定的安全感，也认为美国有足够的能力去实现和平。那么沙米尔政府在巴以冲突上的传统论调便不再具有强大的号召力。与此同时，沙米尔政府的顽固立场还遭到了苏联、欧洲和阿拉伯世界各国的反对。美国政

① Colin Shindler. The Land Beyond Promise: Israel, Likud and the Zionist Dream [M]. London: I. B. Tauris Press, 2002.

② 李伟健. 沙米尔下台和巴以会谈 [J]. 国际展望, 1990 (7).

府迫于国内外形势，为了维护其在中东的战略利益，在坚持同巴解组织会谈的同时也希望沙米尔改变其顽固立场，同巴解进行对话。[①]

（2）沙米尔在其“大以色列”信仰的驱使下，长期以来将无数的人力财力投入西岸地区，这让普通民众感到十分的困惑。沙米尔一再地在被占领土和定居点问题上与美国对立，在民众看来也显得极不明智。毕竟意识形态的潮流在中东相对平稳的新局势下不再凸显，民众需要的是一个更加有能力解决现实生活问题的领袖。与此趋势相反的是，沙米尔始终坚持以色列对“以色列地”拥有绝对的主权，并认为犹太人与阿拉伯人无法达成真正的和解，必须坚持以强硬的斗争方式保卫犹太人的国家。

由于政府内部的分裂和民众支持率的流失，内外交困的沙米尔被迫在 1992 年 6 月提前进行大选，最终支持和解的拉宾战胜了坚持领土扩张的沙米尔，利库德集团在议会中仅获 32 席。老布什政府对中东和平进程的大力推进是利库德集团这一次失利的催化剂，究其根源，是因为利库德集团的执政思想显然与美国这一时期的中东战略无法共存。

第三节　首次执政的内塔尼亚胡与以美关系

拉宾时期是以色列对和平进程贡献较大的时期，阿以双方相继签署了一系列的和平协议，这与美国在中东和平进程上的立场完全一致，因而以美关系迅速回升。拉宾遇刺后，工党对外决策出现失误，内塔尼亚胡借此机会通过全新的总理直选模式接任以色列总理职务。上台

① 李伟健. 沙米尔下台和巴以会谈［J］. 国际展望，1990（7）.

后，内塔尼亚胡的修正主义思想表露无遗，在“大以色列”信仰的驱使下，他不仅拒绝贯彻之前所达成的和平协议，还损害了新的和平成果。总的来看，内塔尼亚胡的定居点政策和和谈态度激化了阿以矛盾，阻碍了中东和平进程，损害了美国在中东的战略部署，以美关系中矛盾点增多。但是，由于和平进程已经启动，内塔尼亚胡难以彻底改变大的趋势，加之克林顿对以色列的个人“偏袒”，以美关系在频繁的摩擦中仍处于整体相对平稳的状态。

一、内塔尼亚胡首次执政前以美关系的回升

（一）以美对中东和平的态度趋于一致

从以色列的角度来看，以美关系曾由于沙米尔政府强硬的领土和定居点政策而跌入低谷。但在1992年大选中击败沙米尔的以色列新总理拉宾则对和平进程有着强烈的愿望，以美关系因此有了重新回暖的基础。拉宾上台后，强调将把解决阿以冲突和推动中东和平进程视作首要的外交任务，因此率先提出了对巴勒斯坦自治问题进行讨论的意见，还邀请约旦—巴勒斯坦代表进行会谈。同时，拉宾为了在核心问题上显示出与利库德集团的不同，上任初便立即冻结了大部分的定居点建设和移民住房工程，进而拉开了马德里和会后中东和平进程的新阶段。

从美国方面来看，老布什与克林顿对中东和平问题的态度一致。但克林顿入主白宫后，在延续老布什政府中东政策的同时也根据局势变化做出了一定的调整。克林顿时期美国在中东的战略利益并未发生改变，维护霸主地位和石油利益仍然是美国中东战略的核心内容。但是国际形势却发生了新的变化，具体体现在：①西欧和日本凭借其日益强大的经济实力对美国构成了一定的挑战；②伊朗和叙利亚与美国针锋相对；③伊拉克萨达姆政权仍然存在；④阿以和谈步履艰难；⑤俄罗

斯企图恢复苏联时期对中东的影响力等。面对新的地区和国际形势，克林顿政府采取了一系列的新政策，但其中东战略的主要基调没有转变，具体反映为“东遏两伊，西促和谈”政策的出台。①

在此背景下，克林顿政府加大了促和力度，希望与工党政府能够在中东和平问题上达成更多的共识，借此掌控地区局势的变化，从而更主动地面对全球形势的转变。

（二）拉宾促和使以美关系回升

1992 年 10 月，拉宾首次表示以色列从部分戈兰高地撤出是可能的，力求缓解同叙利亚的关系，积极配合老布什政府推进和平进程的政策。在此前，老布什也解冻了以色列 100 亿美元的贷款担保，以美关系开始回升。

拉宾上台后，巴以关系先行取得了突破。拉宾承认了巴解组织的代表权，同时巴解组织也承认了以色列的生存权。1993 年 1 月起至 1993 年 8 月 20 日，巴勒斯坦和以色列的代表在挪威奥斯陆郊区先后进行了 13 次秘密会谈，最终巴以间达成了加沙—杰里科地区实行自治的协议，双方于 1993 年 9 月 13 日签署了《临时自治安排原则宣言》，即第一个《奥斯陆协议》。协议包括巴勒斯坦人在加沙地带和杰里科实行自治，以色列在巴勒斯坦地区向巴勒斯坦人移交权力等内容，还规定了此后 5 年为巴勒斯坦自治过渡期。巴以双方签订自治宣言后，又于 1994 年 5 月签订了《开罗协议》，该协议结束了以色列对部分领土的军事占领，巴勒斯坦人第一次在自己的土地上获得了管辖自己事务的权力。②

1993 年 9 月，约以双方取得了重大的和谈成果，签订了《和平框架协议》。1994 年 7 月 25 日，约以签署了《华盛顿宣言》，宣告结束了

① 贺鉴. 冷战后美国中东政策［J］. 阿拉伯世界，2002（2）.

② 王新刚，王立红. 中东和平进程［M］. 北京：时事出版社，2012.

两国之间的战争状态。1994 年 10 月，约以正式签署《和平条约》，解决了两国之间的领土争端，实现了两国关系正常化，约旦也成为埃及之后同以色列建交的第二个阿拉伯国家。[①] 即使遭受着阿拉伯恐怖主义活动的袭击，拉宾政府仍不断地为和平进程做出妥协和努力。为了进一步推进和平进程，克林顿于 1994 年 10 月飞往开罗同穆巴拉克和阿拉法特进行会谈，随后又出访以色列。美国为了对拉宾政府推进和平进程的努力表示赞赏，宣布在高科技市场和获取先进信息技术上取消对以色列的限制，还宣称为了保护以色列的国家安全和地区稳定将帮助以色列提高其军事能力。[②]

1995 年 9 月，巴以双方又签署了《关于约旦河西岸加沙地带过渡协议》，即第二个《奥斯陆协议》，这个协议的诞生还要归功于克林顿政府的极力促成。至此，以美关系持续回温并在拉宾对和平进程的巨大贡献之下显现出了良好的发展势头。

1995 年 11 月，拉宾被刺杀身亡，佩雷斯接任总理后继续沿着拉宾的和平步伐前进，决定推进第二个奥斯陆协议的实施，但拉宾身亡显然使和平进程遭受到了巨大的打击。而后全新的选举模式、持续的暴力冲突以及和谈中的敏感问题，又将利库德集团拉回到了政治幕前。

二、内塔尼亚胡及其首次执政的主要因素

（一）内塔尼亚胡丰富的个人经历及其影响

早在 1993 年利库德集团内部选举时，利库德集团主席已由 44 岁的本雅明·内塔尼亚胡接手。利库德集团内部的右翼势力对于沙米尔参加和谈一直抱有极大的不满，这次内部选举结果体现了修正主义者犹

① 殷罡. 阿以冲突——问题与出路［M］. 北京：国际文化出版公司，2002.

② Herbert Druks. The Uncertain Alliance：The U.S. And Israel from Kennedy to the Peace Process［M］. London：Greenwood Press，2001.

太复国主义中强硬势力的抬头。①

内塔尼亚胡的政治思想最初受他的家庭所影响。他的父亲出生于巴勒斯坦，曾任雅博廷斯基的政治参谋，也为修正主义者的刊物做过编辑。随后他又在希伯来、康奈尔大学任历史学教授，他经常表明一种观点，即犹太人是在这个充满敌意的世界里被常年流放的人，只有在一个不可分割的“以色列地”上犹太人才能被彻底地拯救。本雅明·内塔尼亚胡本人在美国完成学业后返回了以色列，随后在精英部队中任职指挥官。成为上尉后，他参与了 1968 年和 1972 年的两次突击行动。他的哥哥在 1976 年乌干达拯救人质行动中成为了唯一一个牺牲的指挥官，因此恐怖主义对于内塔尼亚胡而言是不可磨灭的仇恨。20 世纪 70 年代末 80 年代初，他短暂从商后开始在利库德集团中活跃起来，很快便成了沙米尔政府时期外交部长莫夏·阿伦斯阵营的一员。1982 年，他被阿伦斯任命为以色列驻美副大使，两年后成为了以色列联合国常驻大使。1988 年，内塔尼亚胡再次返回以色列，在利库德集团内任要职，很快便成为了以色列议会议员，并担任沙米尔政府外交部副部长。1993 年在沙米尔败选后，胜选接任了利库德集团主席。自此，他开始将“大以色列”信仰付诸实践。②

由于其所受的家庭影响和个人经历，内塔尼亚胡认为历史上是阿拉伯人从犹太人手中夺去了领土，而当下巴解组织是以色列最大的仇敌。出于国家自卫的考虑，以色列必须在约旦河西岸地区牢牢掌握控制权。因此在内塔尼亚胡的意识中，是完全否定《奥斯陆协议》的，协议诞生后他立即将此称作叛国的行为。然而面对公众对于和平的强烈期待，内塔尼亚胡成为利库德集团党魁之初并没有强烈的反对《奥斯陆

① Howard M. Sachar. A History of Israel from the Rise of Zionism to Our Time [M]. New York: Alfred A. Knopf, 2010.

② Benjamin Netanyahu [EB/OL]. http: //www.jewishvirtuallibrary.org/jsource/biography/netanyahu.html.

协议》，但曾暗示过拖延其实施的想法。这些都为内塔尼亚胡首次执政时期和平进程的倒退埋下了种子。

（二）工党政府执政公信力逐渐流失

在拉宾遇刺之后，继任总理的佩雷斯可以说是十分称职的，他成功维持了国内经济的稳定增长。1996 年，以色列国民生产总值增长率达 7%，即便与其他发达国家相比也是很高的，因而外资对以色列极为看好。在这一时期，巴以达成的《奥斯陆协议》也在有序进行着，针对以色列平民的游击队袭击显著减少。然而随后在以色列中心城市突发的自杀式炸弹袭击，以及工党政府由于错误判断而在黎巴嫩南部清除真主党基地的军事行动重创了民众对于工党政府的信任。

与此同时，在以色列国内还弥漫着一种不安，人们认为佩雷斯将会继续和叙利亚谈判有关归还戈兰高地的内容，而对此绝大多数民众是坚决反对的。因为工党政府事实上已经承认了叙利亚对戈兰高地的主权，叙以谈判主要集中在以色列从哪些地方撤军，撤退到哪条线以及以色列撤军后叙利亚给予什么回报等问题上。[①] 1996 年 2 月，佩雷斯试图利用工党在和谈上的重大贡献和民众对拉宾遇刺的同情来获取竞选上的优势，他将大选提前至当年 5 月进行。但事实上为时已晚，民众的转向远比他想象的要快。[②]

（三）内塔尼亚胡胜选的主要因素

1996 年内塔尼亚胡之所以能够执掌以色列，主要原因有以下三点：

（1）1996 年之前，以色列是唯一一个采取比例代表制和单一选区制的议会制国家。在这个模式下，以色列出现了众多的政党竞选议会的一席之地，因此没有一个政党能够在议会中占据绝对优势。而最大

① 徐向群. 内塔尼亚胡执政一年［J］. 亚非纵横，1997（3）.

② Howard M. Sachar. A History of Israel from the Rise of Zionism to Our Time［M］. New York：Alfred A. Knopf，2010.

党的领袖也因此不得不与多个小党进行漫长的讨价还价，权衡各方利益后才能顺利地组建政府。为了转变小党掣肘大党顺利行政的状况，1992 年以色列议会修改了基本法，并在 1996 年正式施行两级选举，即总理直选和议会选举并行，议会第一大党领袖将不再顺理担任总理职位，这为随后内塔尼亚胡当选总理提供了难得的机遇。

（2）在总理直选中，佩雷斯由于发动“愤怒的葡萄”行动而使民众支持率大打折扣。[①] 黎巴嫩真主党在大选前夕对以色列定居点发动攻击，为了赢取民众支持，佩雷斯发动了这一军事反击行动，但行动中误伤了阿拉伯平民，这一次失误使佩雷斯在以色列阿拉伯人中失去了民意。

（3）工党与利库德集团议会票数相差并不大，宗教党派对于内塔尼亚胡坚定的“大以色列”信仰更为认同，极力支持内塔尼亚胡当选总理。

总理胜选后，内塔尼亚胡开始思考如何扭转和平进程对“大以色列”信仰所造成的“损害”。他要争取议会中的所有右翼力量，支持其拒绝归还戈兰高地、分割耶路撒冷、在西岸和加沙地区建立“巴勒斯坦国”。同时，内塔尼亚胡也将重新审视巴解组织与以色列的关系，因为在他眼中巴解组织是当代最典型的恐怖主义组织。内塔尼亚胡的执政注定了中东和平进程将面临巨大冲击，而在中东和平进程中回温的以美关系也将面临又一轮挑战。

三、内塔尼亚胡对和平进程的阻碍

（一）内塔尼亚胡激化巴以矛盾

随着 1996 年以色列大选的结束，内塔尼亚胡上台后便拒绝贯彻

① 愤怒的葡萄行动：1996 年黎巴嫩真主党游击队袭击以色列北部，作为报复，以色列对黎巴嫩南部、贝卡谷地以及贝鲁特南郊的黎真主党基地进行大规模空袭。

《奥斯陆协议》。内塔尼亚胡曾在《在世界民族之林占有一席之地：以色列和世界》一书中明确提出反对在巴勒斯坦地区存在其他的民族国家，他还认为只要敌对势力仍对以色列进行攻击，那么和平协议将无法保证以色列的国家安全，而阿拉法特所提供的和平只是为持续进行战争采取的权宜之计。因此在总理选举时，内塔尼亚胡便批判工党的促和行为，认为一系列的和平协议迫使利库德集团不得不承担已经形成的"不良"局面。[①]

根据《奥斯陆协议》，以色列本应在1996年5月开始就巴以边界、犹太人定居点、国家安全、难民和耶路撒冷等问题与巴方进行谈判，但很显然内塔尼亚胡的态度使谈判形势恶化了。他要求如果想要进行永久地位的谈判，巴勒斯坦民族权力机构必须严格执行和平政策，结束一切恐怖袭击，但随后的巴以冲突将和谈彻底击碎。1996年8月，内塔尼亚胡取消了工党政府冻结定居点建设的决定，引发了美国和巴勒斯坦人的不满。1996年9月，内塔尼亚胡又秘密下令开启了一条古隧道，这条隧道很靠近圣殿山和圆顶清真寺，而这些地方对于犹太人和穆斯林来说都是宗教圣地。这一举措点燃了巴勒斯坦人的愤怒，导致了又一轮巴以民众的冲突，55个巴勒斯坦人和15个犹太人在冲突中丧生。[②] 直到美国和约旦出面干涉，这场冲突才草草收场。

重要的是，内塔尼亚胡借此冲突便有了足够的理由为其拖延执行《奥斯陆协议》进行辩解。同时，他与阿拉法特之间进一步深化的矛盾也使美国推进巴以和谈面临着更多的阻碍。

（二）内塔尼亚胡对和谈成果和美国利益的损害

1996年10月至1997年1月，美国积极在巴以之间游说，促成了

① 李洁宇. 论以美特殊关系的根源——以色列总理决策的"理性"成因［M］. 上海：上海交通大学出版社，2012.

② Howard M. Sachar. A History of Israel from the Rise of Zionism to Our Time［M］. New York：Alfred A. Knopf，2010.

《希伯伦协议》的签署。该协议将希伯伦地区 80%的土地划给了巴勒斯坦人，剩下的则交予以色列人，同时还要求以色列在西岸地区进行三阶段的撤离行动，至于规模大小则并未确定。然而《希伯伦协议》签署后，内塔尼亚胡再次使巴以和平进程陷入停滞。他首先在西岸地区重新启动了定居点建设活动，而后又在有争议的东耶路撒冷霍马山地区授权进行定居点的扩建活动。因此，1997 年 3 月，又一轮针对以色列军民的恐怖主义袭击活动爆发，造成了以色列民众的大量伤亡。作为对这一轮袭击的回应，内塔尼亚胡采取了三个措施：①封锁边界，禁止西岸和加沙地带巴勒斯坦人在以色列工作；②扣留巴勒斯坦当局应收的巴勒斯坦人税款；③宣称将进入巴勒斯坦地区驱逐恐怖分子。[①]

1997 年 9 月，美国虽然在当时更关注北约东扩问题，但仍旧出面对巴以冲突进行调停。但哈马斯所组织的炸弹袭击再次发生后，和平进程濒临彻底崩溃。美国时任国务卿奥尔布赖特出访中东，试图重新打开和平进程。他呼吁阿拉法特采取单方面行动，清除恐怖分子的基础设施，希望内塔尼亚胡能暂停在所占领土上的定居点建设活动，但这被内塔尼亚胡直接拒绝了。1997 年 10 月 27 日，内塔尼亚胡宣布了五不政策：不再向巴方归还更多土地；不会放弃戈兰高地；不单方面从黎巴嫩撤军；不停止修建犹太人定居点；不放弃耶路撒冷是以色列永久的不可分割的首都这一立场。[②]

直到 1997 年 11 月，和平进程依旧中断着。克林顿政府因此备受国际社会的谴责，人们认为其纵容了内塔尼亚胡的行为。相比老布什对沙米尔频繁的政治谴责和援助施压，克林顿显然对内塔尼亚胡的强硬政策更加温和。美国对于以色列的“偏袒”严重损害了其在中东地

---

① Howard M. Sachar. A History of Israel from the Rise of Zionism to Our Time [M]. New York: Alfred A. Knopf, 2010.

② 余建华. 1997：中东和平进程面临严重危机 [J]. 西亚非洲，1998 (1).

区的威信，人们质疑美国为何对以色列无法采取当初对伊拉克那样的制裁。因此，由于内塔尼亚胡导致和平进程毫无进展，克林顿开始公开冷遇以色列，在一段时间内他都拒绝接见内塔尼亚胡。①

面对和平进程的僵局，克林顿在 1998 年 5 月再次试图将和平进程从泥泞中拯救出来。为了扭转自身形象和推进和平进程，国务卿奥尔布赖特随后在伦敦会见了内塔尼亚胡和阿拉法特，对以色列下发最后通牒，令其从西岸 13%的所占领土上撤出。可以说，1998 年的整个夏季美国都在集中精力促成以色列阶段性的撤军，以此来减少恐怖主义活动，推动和平进程发展。②

（三）内塔尼亚胡导致和平进程彻底停滞

1998 年 9 月底，内塔尼亚胡同阿拉法特在美国会面，同意了美国所要求的从西岸 13%地区撤出的要求。在这次会谈的基础上，克林顿进一步促成了巴以和谈的阶段性成果。1998 年 10 月，由约旦国王侯赛因出面作为调停人，内塔尼亚胡与阿拉法特在美国签署《怀伊协议》，该协定规定以色列从西岸 13.1%的地区撤离并将共同控制下14.2%的领土转交给巴勒斯坦人，以及在加沙地带建立一个巴勒斯坦机场等。作为回应，阿拉法特同意从巴解组织宪章中将“彻底摧毁以色列”一条删除，同时禁止一切形式的暴力活动，逮捕被以色列通缉的恐怖主义嫌疑犯，镇压恐怖主义活动，双方还同意恢复最终地位问题的谈判。③

《怀伊协议》签署之初，以色列部队开始从西岸 2%的所占领土上撤出。但随后以色列释放囚犯的问题又激发了暴力抗议活动，这一次暴力活动引发了利库德集团内部的政策反弹，1998 年 12 月内塔尼

① 内塔尼亚胡成了“西方的萨达姆”[J]. 当代世界，1998（1）.

② Shifting Sands. The U.S.'s Disturbing New Israel Policy [J]. New Republic，1998（1）：7-14.

③ Robert O. Freedman. Israel and The United States：Six Decades of Us-Israeli Relations [M]. Boulder：Westview Press，2012.

亚胡正式宣布冻结剩余的撤离计划。因此，针对以色列的巴勒斯坦恐怖袭击活动再次抬头，阿拉法特也未能控制局势的发展。内塔尼亚胡再次提出要求，如果要重启撤离计划，阿拉法特必须打击恐怖活动并放弃宣布建立巴勒斯坦国。克林顿此时为了推进巴以和平，在巴勒斯坦捐赠者会议上承诺对巴援助 4 亿美元，并谴责以色列对《怀伊协议》的故意拖延。[①] 但直至最后，内塔尼亚胡都未再执行所签署的和平协议。

在这次危机过后，克林顿首先选择与阿拉法特改善关系，并亲自出访加沙地区见证了其废除“彻底摧毁以色列”这一章程的整个过程，巴勒斯坦民族权力机构借此提升了在国际上的合法性。[②] 很显然，这一结果是由内塔尼亚胡一手造成的，拒绝贯彻《怀伊协议》是内塔尼亚胡首次执政时期以色列与美国的最后一次对立，这也使和平进程直至 1999 年以色列大选时都处于完全停滞的状态。鉴于其对和平进程的严重阻碍，内塔尼亚胡失去了以色列民众的支持，大选中以较大差距败给了工党领袖巴拉克。相应地，内塔尼亚胡也失去了党内领袖的地位，由阿里尔·沙龙接任。

四、内塔尼亚胡首次执政时期的以美关系

克林顿上台后，面临着一系列的国际新局势。俄罗斯的挑战、南斯拉夫的分裂、伊朗的核计划等是这一届政府必须面对的棘手问题。虽然由于其他问题的牵制，美国在中东地区不免显得力不从心，但克林顿仍旧对阿以冲突的解决投入了最大的精力。在中东事务上，克林顿基本延续了老布什的外交政策，旨在维护美国在这一地区的主导地

① Galia Golan. Israel and Palestine: Peace Plan from Oslo to Disengagement [M]. Princeton, NJ: Markus Wiener Publishers, 2007.

② Palestinians Turn the Tables on Israelis: Arafat Poses as Clinton's Friend as Netanyahu Sulks [J]. Financial Times, 1998 (12).

位，为其扩大全球影响力加分。“东遏两伊，西促和谈”这一政策表明了克林顿政府将重点推进和平谈判以求实现整体的战略目标。能否有力推进和谈进程将是美国确保其中东地位的关键，关系着美国核心国家利益的实现。

执政初期，克林顿出访以色列和阿拉伯多国，与该地区领导人建立起了良好的关系，通过自身的干预与压力，成功促成了巴以《奥斯陆协议》、《开罗协议》、《第二奥斯陆协议》和约以《华盛顿宣言》的签署，同时还极力推进叙以和黎以和谈，以美关系伴随着和谈的进行逐渐回暖。

内塔尼亚胡执政后，以美间围绕和谈又出现了诸多矛盾，中东和平进程的良好局面陷入僵局。虽然以美在内塔尼亚胡首次执政时期往往在中东和平问题上难以保持立场的一致，但以美战略关系并未发生根本的改变，美国依旧将以色列视作特殊的盟友。在前文中我们已经详细了解了内塔尼亚胡对和平进程所产生的负面影响。概括来看，内塔尼亚胡首次执政时期以色列与美国有几个重大分歧，它们在一定程度上影响了以美关系的良好发展。

（1）内塔尼亚胡作为修正主义思想的继承者，一直以来宣扬“大以色列”信仰，在对“以色列地”的渴望中，他明确表态维护犹太人对耶路撒冷的所有权，坚决反对返还戈兰高地，反对在西岸和加沙地带建立巴勒斯坦国，甚至反对巴勒斯坦难民的回归。这使原本就困难重重的巴以和谈雪上加霜。在这样的意识形态指引下，他一上台就放弃了工党在和平进程上的基本立场，对美国努力推进和谈设置了心理障碍。

（2）克林顿政府一面为之前所取得的和平成就感到乐观，一面更积极地推进和平进程。但由于内塔尼亚胡固有的修正主义思想，过去所取得的成果难以履行，而未来的和平谈判也举足维艰。内塔尼亚胡上台后重新定位了和平谈判的基础，认为安全才是检验和平协议的首要标准。[①] 在此背景下，内塔尼亚胡面对暴力袭击和恐怖主义活动，执政初期拖延巴以谈判，拒绝贯彻巴以《奥斯陆协议》。在其执政过程中，又因为其定居点计划而使和谈一度陷入破裂边缘。虽然克林顿坚决反对内塔尼亚胡在所占领土上的定居点政策，但在这个问题上，内塔尼亚胡从来没有做出过实质的让步。直到美国因为其对以色列的纵容态度引发了国际社会的反对，威胁到了美国的中东利益，美国才全力促成了《希伯伦协议》和《怀伊协议》的签署。

（3）内塔尼亚胡执政对美国中东战略造成损害。内塔尼亚胡一上台便坚持的强硬外交路线带来的是不断涌现的暴力冲突和恐怖袭击，阻碍了和平进程，导致中东地区局势的不稳定。克林顿政府需要的是对中东事务的主导权，其关键是遏制地区极端宗教势力的扩散、维护地区稳定，进而防止其他大国插手中东事务并削弱美国的控制力。在这一点上，内塔尼亚胡政府的外交实践损害了美国同阿拉伯国家的友好关系，刺激了极端宗教势力的蔓延，美国中东政策“东遏两伊，西促和谈”受到了直接的挑战。

内塔尼亚胡虽然对以美关系造成了伤害，但以美特殊关系并未发生本质的改变。在内塔尼亚胡执政期间，虽然美国对以经济援助逐渐下降，从 1996 年的 17.3 亿美元下降至 14.3 亿美元，但军事援助则稳定在 22.8 亿~23.9 亿美元。经济援助的下降主要是美国国内政策所致，因此以美关系从援助层面看并未因为内塔尼亚胡政府的外交实践而受到明显冲击。[②]

---

① 王昌滨. 中东和平进程处于危险边缘——浅析内塔尼亚胡政府的外交方针［J］. 国际社会与经济，1996（12）.

② Robert O. Freedman. Israel and The United States：Six Decades of Us-Israeli Relations［M］. Boulder：Westview Press，2012.

综上所述，虽然以美关系中矛盾点增多，但美国并未在以色列国家安全的问题上动摇过自己的承诺。美国由于对内塔尼亚胡的强硬政策施压不足而致使和平进程受阻，阿拉伯国家对其普遍不满，美国中东利益受到严重威胁。但是克林顿支持以色列的根本立场没有转变，不仅向以色列提供了先进的远程战斗轰炸机，也继续保持了稳定的对以军援。[①] 同时，内塔尼亚胡也无法完全违背工党政府实现的和平成果，必要时不得不参与和谈，这使以美关系在一定程度上仍处于整体稳定的态势。

① 陈双庆，廖百智. 中东和平进程面面观［J］. 现代国际关系，1998（3）.

第六章　21世纪的利库德集团与以美关系

21世纪以来的中东局势处于持续的动荡之中，从阿富汗和伊拉克战争开始，中东地区安全与和平问题就越发凸显。21世纪开始后，中东和平谈判更是美国在中东的中心任务之一，但却在取得了少有的成果后长期陷入僵局，地区恐怖主义活动反而在这一过程中逐渐呈现出愈演愈烈的趋势。除此之外，伊朗核危机的爆发和“阿拉伯之春”运动的蔓延再次使当下的中东处于政治乱局和安全危机之中。由于当下美国在中东地区控制力的流失和干预力度的缩水，其中东战略发生较大转变，从原来的直接干预转为间接干预，从主动介入转为慎重参与。同时，为了安抚阿拉伯国家，奥巴马政府在阿以之间的态度也出现了微妙的变化。就目前状况而言，中东局势在一定时期内仍然会处于难以预估的自发调整和转变之中。

进入21世纪后，以色列政局中的右翼势力呈现出扩大的趋势。利库德集团虽然先后经历了政权更迭和政党分裂，但最终还是执掌了以色列政权，直至当下。具体来说，1999年接替内塔尼亚胡的巴拉克自上台以来一直为促进和平进程做出努力，然而最终并未取得令人满意的成果，和平进程仍旧处于停滞状态。在国内民众的压力下，巴拉克在提前大选中败给沙龙。沙龙大选的胜利与执政是利库德集团发展的重要阶段，恰逢以美战略关系中出现了一致反恐的历史性机遇。沙龙执政初期主要集中精力打击巴勒斯坦人暴力袭击活动，并宣称以色列绝不会与巴勒斯坦人讨论耶路撒冷的地位问题，巴以冲突激化。中后期他却逐渐顶着巨大的压力执行了“单边撤离”计划，为巴以和平做出了巨大的让步。在这个过程中，沙龙积极配合小布什政府的中东政策，以美关系得到了长足的发展。与此同时，利库德集团在沙龙时期出现了分裂，并导致政权的丢失。然而，“单边撤离”计划并未达成以色列民众所期望的结果，在以色列安全环境恶化的状况下，内塔尼亚胡开始上台执政。他不变的定居点政策和在伊朗核危机问题上的强硬立场使得21世纪以来的以美关系出现了巨大的波动。

第一节　21世纪的沙龙政府

沙龙素来以强硬著称，其早年参军，长期参与以色列同阿拉伯国家的战争。进入政坛后，最初协助利库德集团领导人执政。借助新一轮巴勒斯坦阿拉伯人起义所造成的安全危机，他在2001年总理直选中成功击败巴拉克成为了以色列总理。沙龙是一个“修正主义”与“现实主义”思想相结合的政治家，因而在其决策制定中常常呈现出两种理念的交织，甚至还因此出现了令人惊愕的决策转变。

一、沙龙的个人经历概述

沙龙生于1928年，14岁时加入了哈加纳组织。在1948年第一次中东战争中，沙龙曾率领步兵团进行战斗。1953年，沙龙创立了以军事报复行动为特点的101特种突击队，带领其与巴勒斯坦人武装力量作战。1956年，沙龙被任命为伞兵部队指挥官，并参与了第二次中东

战争。1958~1962 年，沙龙作为步兵指挥官服役。1964 年，沙龙成为北部军区司令，1967 年又以装甲师师长的身份参与了第三次中东战争，1969 年成为以色列南部军区司令。[①] 1973 年，沙龙带领装甲师参与了第四次中东战争，对整个战争起到了至关重要的作用，帮助以色列取得决定性的军事胜利。沙龙退役后，1975 年作为以色列时任总理拉宾的安全顾问正式开始其政治生涯。1977 年，以色列大选结束后，沙龙协同贝京的利库德集团组建了政府，并在贝京政府第一任期内任职以色列农业部长。1981 年，沙龙被任命为以色列国防部长，策划并组织了以色列入侵黎巴嫩的战争。1981 年 11 月，沙龙促成以色列同美国签署了第一份战略合作协议，深化了以美的安全合作。由于对残杀巴勒斯坦难民的事件负有相关责任，1983 年沙龙卸任国防部长。1984~1990 年，他又重新担任工业和贸易部长，在此期间成功促成了以美自由贸易协定的签署。[②]

1990~1992 年，沙龙担任沙米尔政府的住房部长及移民委员会主席。面对苏联解体后所产生的新移民，沙龙制定并采取了积极的吸收移民计划和相应的住房建设工程。1992~1996 年，沙龙供职于外交事务和防御委员会。1996 年，沙龙出任内塔尼亚胡首次执政时期的以色列国家基础设施部长。1998 年，他开始担任以色列外交部长，代表以色列同巴勒斯坦民族权力机构进行永久地位的相关谈判。2001 年 2 月沙龙在以色列总理直选中击败巴拉克，成功就任以色列总理。[③]

为了进一步巩固以色列国家安全和解决巴以冲突，沙龙面对愈演愈烈的巴勒斯坦恐怖主义袭击却大胆地提出了令利库德集团内部震惊的战略计划，即“单边撤离”计划。该计划将加沙地带和西岸北部 4 个定居点的以色列部队和定居者全部撤出，并拆除相应定居点。2005

①③ Ariel Sharon [EB/OL]. http: //www.jewishvirtuallibrary.org/jsource/biography/sharon.html.

② 杨鸿玺. 人称铁血恺撒的以色列总理沙龙 [J]. 国际资料信息，2006 (1).

年，沙龙不顾党内和国内右翼势力的反对结束了以色列对加沙地带38年的占领。

虽然该计划得到了以色列大部分民众的认可，但在利库德集团内部掀起了党内分裂的浪潮，最终不堪压力的沙龙离开了利库德集团，创建前进党继续执政，就此与利库德集团分道扬镳直至其2006年因病离开政坛。

沙龙一生的经历非常丰富，由于他长期参与对外战争，因此其执政时期会部分地坚持利库德集团的政治信仰，他在执政中的务实战略更为明显。

二、沙龙执政的特殊背景

2001年提前的总理直选产生了一个令人震惊的结果，一直努力推进和平进程的巴拉克仅仅获得了37.4%的选票，而以强硬政策著称的沙龙则拿下62.5%的选票，这一结果在以色列选举史上是悬殊最大的一次。以色列总理直选的平均投票率在80%左右，但这一次仅有62%的选民参与了投票，甚至远远低于1999年78.7%的投票率。[①]就此结果看，如此悬殊的差距意味着在民众心里只有强硬的沙龙才能为其在新阶段赢得想要的安全和利益。

从国内和国际背景看，这次巴拉克的失利和沙龙走上权力巅峰有其特殊的历史原因。

由于阿拉法特宣称要单方面建立巴勒斯坦国，内塔尼亚胡因此决定中止实施《怀伊协议》。这一举措导致了巴以和谈的迅速破裂，阿拉法特和内塔尼亚胡也都受到了国际社会的指责。内塔尼亚胡首次执政中对和平进程屡屡破坏，导致政府在议会中的支持者逐渐减少。随着

① 阿伦·布雷格曼. 以色列史［M］. 杨军译. 上海：东方出版中心，2009.

其执政地位的动摇，他最终不得不宣布提前进行总理选举。

1999年5月，埃胡德·巴拉克以压倒性优势赢得总理选举后，立即公开表明了自己的首要任务，即实现与阿拉伯人和巴勒斯坦人的和平。巴拉克在完成联合政府的组建后立刻着手推进和平进程。7~9月，他先后同穆巴拉克、阿拉法特和阿萨德进行会面，巴以间也于9月签署了《沙姆沙伊赫备忘录》。2000年7月，在克林顿的邀请下，巴以双方在戴维营进行会谈，巴拉克做出了巨大的让步并同意建立真正的巴勒斯坦国，人们对于和平的期望达到了“9·11”之前的历史顶点。但最终由于耶路撒冷和难民问题上的对立，戴维营协议并未取得显著成果，巴拉克的和平政策无功而返。与此同时，叙以关系也出现新情况，双方在1999年11月至2000年年初先后进行多次会谈，但是围绕加利利海所有权的争夺最终导致叙以和谈停滞不前。[①]

为了挽回和平进程并取得民众支持，巴拉克开始着手于社会改革。主要内容是推进宗教与政治的分离、优化教育以及整合行政职能等，但最终也由于改革不利和新的巴以局势而未实现其最初的目标。所谓新的巴以局势是在前期巴以和谈处于困境的情况下，2000年由于沙龙访问圣殿山而引发了一轮阿克萨阿拉伯人起义，这次巴勒斯坦人的骚乱一直蔓延到耶路撒冷和其他被占领土上。巴拉克下令对愈演愈烈的巴以冲突进行军事报复，就此他所推进的巴以和谈立即破裂。此时巴勒斯坦人起义难以平息，自杀式袭击也使犹太人的安全受到了巨大的威胁，和平进程更不见出路。同时，政府中的三个政党由于巴拉克在和谈中对于巴勒斯坦人所做的过分退让而退出了联合政府。[②]

① 阿伦·布雷格曼. 以色列史［M］. 杨军译. 上海：东方出版中心，2009.

② Howard M. Sachar. A History of Israel from the Rise of Zionism to Our Time［M］. New York：Alfred A. Knopf，2010.

这次暴乱的持续升级在以色列民众眼里是这位和平总理的无所作为所致。因此，在巴以、叙以和谈无疾而终、阿拉伯人暴乱无法控制、社会改革停止不前的状况下，巴拉克执政的终点彻底到来。民众宁愿冒风险选择一个战争意识强烈的军人，也不愿意选择一个将以色列拖入和平泥沼的温和外交官。可以说，沙龙的胜利是以色列民众在恶劣的安全环境下对强硬政策的选择和需要所致，此时一贯坚持领土扩张和坚决打击反以暴力活动的沙龙就是他们的最佳选择。

三、沙龙对外重心的演变

沙龙由于早年丰富的战斗经验和从军经历，人们将他视作一个“暴力”的政治家，其在领土扩张上的强硬政策成为了他以往政治生涯中的最大特点。[①] 在近 30 年的政治生涯里，沙龙历任以色列政府的多个职位，积累了丰富的经验，因此也产生了现实主义者的思维方式。另外，沙龙执政时期地区局势又出现了新的状况，导致其主动大幅度调整对外政策的重心，对利库德集团和以美关系都产生了巨大的影响。

沙龙上台之初保持了部分利库德集团的传统思想，那就是反对在和谈中向巴勒斯坦人做出过多的妥协和退让。他反对《奥斯陆协议》，并且是犹太人在西岸和加沙地带定居点建设活动的积极鼓动者。[②] 早在 2001 年总理选举时，沙龙便谴责阿拉伯人暴乱导致《奥斯陆协议》早已“自我解体”。即使要对和平做出痛苦的让步，但他也绝不会在所占领土的定居点问题上做出妥协。显然，沙龙并不急于达成全面的巴以和平协议，他所强调的仍然是“安全第一”的原则，他将巴勒斯坦人暴力抗争

---

① 王克勤. 以色列侵略扩张的急先锋——沙龙［J］. 世界知识，1982（17）.

② Don Peretz，Rebecca Kook，Gideon Doron. Knesset Election 2003：Why Likud Regained Its Political Domination and Labor Continued to Fade Out［J］. Middle East Journal，2003，57（4）：591-601.

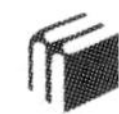

与和谈挂钩，体现了利库德集团一贯的“以安全换和平”的立场。[①]

沙龙上台之初也面临着国内外复杂的局势。在国内，由于2001年的选举是在脱离议会选举的情况下进行的，因此沙龙获胜后各党在议会的比重并未变化，沙龙强硬的政策将面临内部传统促和力量的挑战。在外部，由沙龙直接引发的巴以流血冲突仍在持续，巴勒斯坦民众对其极为仇恨，而沙龙依旧坚持安全是和谈重启的条件，因而冲突局面在短时间内不可能得到改观。沙龙上任初与工党政府几经谈判组成了联合政府，也曾表示会软化立场避免巴以冲突恶化，但是在利库德集团“大以色列”信仰的约束下，沙龙也不得不更强调“绝对安全”的重要性，因此其上台时最主要的任务是镇压起义，以暴抑暴成为了他解决问题的主要方式。

沙龙在镇压起义后之所以还能关注巴以冲突的解决，主要是为了顺应美国的地区战略。从小布什的“超脱”战略到和平“路线图”，沙龙逐渐对美国表示配合与回应。虽然以美双方在这一段出现了摩擦，但以美联合施压阿拉法特，迫使其参与和谈才是最常出现的状况。

沙龙稳定政局后做出了重大的战略决策，他提出的“单边撤离”计划获得通过，其对外重心转为全力推动该计划的实施。根据该计划，以色列将撤出加沙地区17个定居点和约旦河西岸的4个定居点。这次计划的提出，不仅造成了利库德集团的分裂，也使21世纪的以美关系迎来了亲密期。

这次计划由向来强硬的沙龙提出的确令人惊愕，但是这样的做法的确符合沙龙的现实考虑：①以色列需要集中物资来巩固西岸地区的控制力，加沙地带牵制了以色列过多的精力，也制造了太多的麻烦。②国际社会和美国的“路线图”并没有取得显著的成果，沙龙希望借

① 余国庆. 沙龙上台后的中东和谈走势［J］. 当代世界，2001（5）.

此举来改善以色列的国际形象，缓解起初“以暴制暴”所激化的巴以局势。沙龙在这个层面继承了利库德集团的传统思想，那就是不依赖和不完全信任大国作用，试图自己主动推进巴以和平的实现。③沙龙面对小布什、阿拉伯国家和国际社会的压力，顺势而为制定了“单边撤离”计划。这样既能提升以美关系，也能为以色列赢得和谈中的主动权。

沙龙任期的对外重心调整比较明显，从大力打击巴勒斯坦起义，拒绝和谈，到配合美国的和平“路线图”，最终主动做出巨大的“妥协”。在这个过程里，沙龙坚持的利库德集团传统思想与个人务实理念交织在一起，前期相互一致，后期矛盾重重，最终其不得不出走利库德集团。这也造成了以美关系在沙龙执政前期存在一定的摩擦，但是在后期以美关系则由于战略一致而变得紧密。

第二节　曲折的和平进程与以美关系

沙龙执政初期与小布什政府在推进和平进程上的态度并不完全一致，中东和平进程持续停滞不前，以美关系也出现了一定的摩擦，但随后在反恐问题上以美逐渐一致并走向合作。整个过程大致可分为几个阶段：第一个阶段是自小布什上任至“9·11”事件之前，小布什整体上倾向于以色列，并且与阿以冲突问题尽量保持距离，以美未发生矛盾。第二个阶段是“9·11”至2002年，小布什开始寻求解决巴以冲突的方法，以此赢得穆斯林世界对于阿富汗战争和随后伊拉克战争的支持，以美之间在这个转变下产生了一定的矛盾。第三个阶段是从2002年至阿拉法特去世，小布什政府对巴以达成和解做出了阶段性的

尝试，同时也在阿拉伯世界开始推行民主化，沙龙最终接受了美国的“路线图”计划，以美关系发展稳定。

一、“超脱”政策下小布什对沙龙的支持

小布什在上台初完全有理由放弃克林顿时期积极促和的政策。首先，小布什见证了克林顿事倍功半的结局，因此不愿意再走上同样的道路，承担促和失败的政治风险。其次，小布什想集中精力处理美国国内事务，在有限的政治生命里为美国做出更显著的贡献，比如在减税和反弹道导弹系统上做出成绩。因此，“9·11”以前小布什政府在一定程度上将美国置于阿以冲突之外。①

虽然小布什将美国尽量脱身于阿以冲突之外，但并不意味对以色列不闻不问。小布什上台后立即与以色列总理沙龙保持亲密和热情的友谊，后者在 2001 年 3 月受邀访问美国。沙龙出访美国前夕，美国新任国务卿科林·鲍威尔在美国以色列公共事务委员会发表了重要的演讲，认同了以色列关于重启和谈的意见，那就是巴勒斯坦人应立即中止暴力行为以促和谈重启。他公开表示，领导者有责任中止暴力行为，对于和平谈判美国将会伸出援手但决不强求，真正的和平谈判应该由谈判方自行发起，而不应该寄托在外部力量的干预上，言语间矛盾直指阿拉法特。②

小布什甚至还邀请沙龙加入其弹道导弹防御系统之中，以防“无赖国家”的攻击，这是以色列许多领导人所一直盼望的事情。与此同时，沙龙则表示希望小布什在阿拉法特公开声明中止暴力活动前不邀请其访问美国，也不给予其经济援助。美国在 2001 年 5 月公布了《米

---

① Robert O. Freedman. Israel and The United States：Six Decades of Us-Israeli Relations [M]. Boulder：Westview Press，2012.

② Roula khalaf. Powell Sets Out Bush Line on Middle East [J]. Financial Times，2001（3）：7-14.

切尔报告》，对于终结迅速升级的巴以冲突提出了许多建议。虽然以色列接受了一些建议，沙龙也同意短暂停火，但阿拉法特无力掌控恐怖袭击的扩散，停火难以实现，该报告在之后也逐渐被人们淡忘。[①]

小布什政府面对毫无起色的和平进程，不断谴责加剧的巴勒斯坦炸弹袭击，但仍旧认为对于冲突的不干涉态度可能是最正确的选择。尤其是在《米切尔报告》和《特尼特方案》石沉大海之后，小布什政府放弃了对和平进程积极介入的政策，消极对待日益升级的巴以冲突。与此同时，小布什政府还坚持对"两伊"的遏制和打击，继续采取偏袒以色列的态度。他频繁会见以色列总理沙龙，却一直不肯接见阿拉法特。对以色列在流血冲突中暴力打击巴勒斯坦人持默许态度，对联合国向冲突地区派驻国际维和部队议案投否决票，甚至与以色列一起退出在南非德班召开的联合国世界反种族主义大会。美国的这些做法无疑是对以色列的纵容和支持，和平进程更难以看到希望，因此也引发了阿拉伯世界的极大愤慨。阿拉伯国家对美国无视巴以流血冲突而一味严厉打击伊拉克的政策强烈不满，极端的民族主义和宗教主义被进一步激化，为将美国和以色列作为打击目标的恐怖主义活动的爆发创造了条件。[②]

二、小布什在反恐中推进和谈

"9·11"恐怖袭击爆发后，小布什政府的中东战略进行再次调整，首先表现在战略侧重点的变化上。此时，美国意识到恐怖主义才是其需要对抗的头号敌人，小布什开始建立包括穆斯林国家在内的反对本·拉登和其基地组织的联盟，反恐成为了小布什政府的首要任务。2001 年

① Robert O. Freedman. Israel and The United States: Six Decades of Us-Israeli Relations [M]. Boulder: Westview Press, 2012.

② 贺鉴. 冷战后美国中东政策 [J]. 阿拉伯世界，2002 (2).

9 月 19 日，美国开始发动对阿富汗的军事打击。2002 年 9 月20 日，美国白宫公布了小布什上台以来的第一份《美国国家安全战略》报告，这份报告正式提出向恐怖分子和敌对国家发动“先发制人”的战略。[①]

沙龙在此时并未改变之前的对巴政策，在全世界关注阿富汗战争的时候加大了对巴勒斯坦的打击报复，并拒绝批准佩雷斯与阿拉法特进行会谈。为了获取阿拉伯国家对其军事行动的支持，美国开始借巴以和谈向沙龙施压。美国首先宣称对巴勒斯坦建国的支持态度，随后要求沙龙同意佩雷斯与阿拉法特的会见。此前，沙龙曾明确表态谈判的前提条件是巴勒斯坦立即停止其暴力袭击活动，因此沙龙将美国这样的态度转变看作是一种“绥靖政策”，表示完全无法接受，这是以美关系在小布什和沙龙阶段出现的首次对立。[②]

随着美国在阿富汗迅速取胜，小布什政府又开始采取双重战略。一方面，重新推动和平进程，另一方面，威胁将把战火向其他恐怖主义支持者蔓延。2001 年 11 月，小布什在联合国发表演说正式表明重新推进巴以和谈进程的意向，希望以色列和巴勒斯坦能够在互相尊重和认可的领土上和平相处，同时也警告阿拉法特应立即为和谈的顺利开展而终止恐怖袭击和暴力活动。为安抚沙龙，小布什宣称绝不会在联合国会见阿拉法特。与此同时，美国也将“哈马斯”、“伊斯兰圣战组织”和“黎巴嫩真主党”列入“9·11”后主要打击的恐怖分子名单之中。[③]

科林·鲍威尔顺水推舟，为巴以和谈继续铺路。2011 年 11 月 19 日，鲍威尔就解决巴以冲突的问题表达美国的立场。他强烈谴责巴勒

① 王勇辉. 解读小布什时期美国大战略中的中东政策［J］. 阿拉伯世界研究，2008（4）.

② Robert O. Freedman. Israel and The United States：Six Decades of Us-Israeli Relations［M］. Boulder：Westview Press，2012.

③ Arafat Thankful for Bush Remark about Palestine［J］. New York Times，2001（11）：7-14.

斯坦恐怖袭击，认为巴勒斯坦和以色列应在“两国方案”下和平共处，但前提是巴勒斯坦人必须承诺杜绝一切恐怖主义活动。所有巴勒斯坦人如果想要实现自己的政治诉求，必须支持和谈而非暴力，更应该承认以色列作为一个犹太国家的存在。同时，鲍威尔也要求以色列应该为和平做出一定的让步，包括停止扩大定居点建设，结束对加沙和西岸地带的占领等，届时美国将会为了和平进程做出一切努力，自此小布什政府放弃了初期在巴以冲突上的“超脱”政策。[①]

为了推进和平谈判，美国首先承诺对双方提供经济援助，其次与以色列和巴勒斯坦的代表会面，试图说服双方先采取停火，为下一步的和谈做好铺垫，小布什也出面劝说其他阿拉伯国家帮助和平进程重返轨道。虽然美国派出安东尼·津尼作为巴以停火的调解人奔赴中东，但巴勒斯坦领导人的承诺难以兑现，暴力袭击此时仍未停止。在一轮轮的炸弹袭击后，巴勒斯坦人的国际形象受到了重创，小布什这一次推动和平进程的步伐受到了巨大的现实挑战。

在这一过程中，持续的巴勒斯坦恐怖袭击使阿拉法特承担着美国和以色列的双重压力。2001 年 12 月 16 日，阿拉法特迫于美国巨大的政治压力和以色列强硬的军事打击公开要求实现短暂停火，并谴责暴力袭击。[②]但暴力袭击的主力军“哈马斯”和“伊斯兰圣战组织”仍在加沙和西岸地带逗留，因此沙龙仍将阿拉法特围困在拉马拉。为了表示自己对停火与和谈的决心，阿拉法特下令逮捕了参与组织袭击的一些巴勒斯坦重要官员。但是“哈马斯”并未响应阿拉法特的号召，持续对以色列军队进行攻击，以方自然对此进行反击，冲突持续升级。

总体而言，相比沙龙强硬的和谈态度，巴勒斯坦恐怖袭击对小布什和平计划的阻碍此时更加显著。因此，以美虽然围绕和谈计划出现

---

① 赵伟明. 中东问题与美国中东政策［M］. 北京：时事出版社，2006.

② Arafat Thankful for Bush Remark about Palestine［J］. New York Times，2001（11）：7-14.

了摩擦，但并没有影响双方的信任，以美关系并未出现明显的变化。

三、美国对阿拉法特态度的转变

持续的巴勒斯坦恐怖袭击严重损害了美国的和平计划，也使得沙龙更有理由实施针对巴勒斯坦人的报复行动。小布什也逐渐意识到，对以色列施压可能并不是和谈开启的关键，暴力袭击若不停止，和谈便没有可能，沙龙也绝不会走向谈判桌。更重要的是，小布什急需阿拉伯世界的支持，以求尽快拉开伊拉克战事，因此在巴以冲突问题上必须取得显著的成绩以树立美国的威信。小布什派出了副总统切尼和津尼将军在阿拉伯国家间游说，希望早日共同促成巴以双方停火。沙龙对此也做出了相当大的妥协，表示只要 7 天内不再发生暴力袭击便恢复和谈。[①]

随着美国在中东游说力度的加大，沙特率先提出了一份阿以和平方案。该方案将在阿拉伯联盟首脑会议结束当天正式提出，内容主要有：要求阿拉伯世界承认以色列；相应以色列应退出 1967 年以来的所占领土；妥善处理巴勒斯坦难民问题等。美国抓住这个机会，在 2002 年 3 月促使联合国安理会出台 1397 号决议，呼吁在两个国家方案基础上解决巴以冲突，立即终止暴力恐怖袭击，在原有的“特尼特”和“米切尔”两个计划基础上恢复和谈。然而再次出现的恐怖袭击彻底击碎了恢复和谈的努力，耶路撒冷、特拉维夫和海法地区相继发生自杀式炸弹袭击，以色列居民死伤惨重，沙龙立即开展了代号为“防御盾牌行动”的军事报复行动。

此时的美国很显然对阿拉法特失去了耐心，这一次对沙龙表现出了强烈的支持，并未真正要求沙龙停止其军事报复行动。但为了能够

① Robert O. Freedman. Israel and The United States: Six Decades of Us-Israeli Relations [M]. Boulder: Westview Press, 2012.

让阿拉伯国家支持其计划的伊拉克战争，小布什再次表态，他认为巴勒斯坦民族权力机构主席在反恐问题上立场并不坚决，所以才造成了暴力袭击无法停止，同时也敦促以色列应从西岸所占城市中撤出。[①]

小布什派出了鲍威尔出使中东促成停火，再次要求以色列立即从西岸所占城市中撤出。但对以色列的紧逼立即招来了反对浪潮，小布什不仅迎来了国会内部的声讨，还面对着宗教势力的反对。美国民众在“9·11”后对于恐怖主义的仇恨空前，而现在美国却在恐怖主义面前对以色列发难。沙龙对此不满也不言而喻，他经过调查发现阿拉法特不仅没有全力打击恐怖袭击，反而采取默许态度，甚至还有可能资助恐怖活动。在来自多方的压力下，小布什此时将阿拉法特看作是阻碍和平进程的主谋，对以色列的施压减弱。

随着巴勒斯坦恐怖主义袭击活动的扩大，沙龙立即将 2002 年 5 月从西岸城镇撤出的部队重新入驻该地区，这一次美国默许了以色列的行动。在 2002 年 6 月的一次演讲中，小布什表示人们需要的是一个不对恐怖主义妥协的巴勒斯坦领导人，这样的话，美国才能积极促成巴勒斯坦建国，意在将阿拉法特推下政坛。同时，小布什也希望沙龙在新的巴勒斯坦领导者诞生后积极促成和谈，从所占领土上撤出并立即停止定居点建设活动。[②]

虽然美国不断试图展现在巴以冲突的客观立场以获取阿拉伯国家的好感，但是小布什政府对于沙龙的军事报复行动和定居点建设活动并没有施加足够的压力，因为恐怖袭击活动的失控让小布什将主要的愤懑都集中在阿拉法特的身上。对小布什而言，沙龙此时才是其和平计划中主要的“合作者”，阿拉法特所领导的巴勒斯坦民族权力机构由

① Bob Woodward. Bush at War [M]. New York: Simon & Schuster, 2002.

② President Bush Calls for New Palestinian Leadership [EB/OL]. http: //georgewbush-whitehouse.archives.gov/news/releases/2002/06/20020624-3.html.

于反恐不力难以成为谈判的推手。以美关系在这一段时间偶有摩擦，但显然双方最终在反对阿拉法特的态度上达成了共识。

四、沙龙接受和平“路线图”

（一）和平“路线图”计划的诞生

前文已经提到，“9·11”事件后美国把打击恐怖主义视作首要的政治任务。在这样的转变下，美国同步开始整合其中东政策，其主要内容是：视中东地区为针对美国的恐怖主义的主要策源地，坚决打击伊斯兰极端势力，摧毁他们从事恐怖主义的能力，改变地区反美、仇以政权，推行美国民主、自由价值观和市场经济体制，从而最终达到一统中东的目的。为了达到这一目的，第一个步骤是发动伊拉克战争，推翻萨达姆政权，然后建立一个亲美、和以、接受美价值观的伊拉克政权，使其成为整合其他阿拉伯国家的基地和样板；第二个步骤是按美需要解决巴以冲突。[①] 在反恐过程中，由于阿拉法特对恐怖主义活动的打击不力，美国把巴方反抗以方占领、迫害、镇压的暴力行为一律视为恐怖活动，而把以方的军事报复行为看作反恐自卫，美国显然对以色列更加偏袒。

为了争取阿拉伯国家对伊拉克战争的支持，小布什于 2002 年 6 月就中东问题发表讲话，提出了中东和平“路线图”，这也是整合中东政策的重要内容。在此基础上，美国、欧盟、俄罗斯和联合国共同商议后制定了重启巴以和谈的“路线图”计划。2003 年 3 月阿巴斯担任巴勒斯坦首任总理后，和平“路线图”计划于 4 月被交至巴以双方。

根据路线图，巴勒斯坦人民将在三个阶段的计划后建立巴勒斯坦国。和平“路线图”第一阶段（2002 年下半年到 2003 年 5 月）计划

① 安惠侯. 和平之路在何方——评中东和平“路线图”[J]. 国际问题研究，2003（5）.

实现巴以停火，巴方必须明确保证立即停止打击针对以色列的恐怖主义和暴力袭击活动，并惩罚相关成员；以色列停止驱逐和攻击巴勒斯坦居民，保护其财产，在巴以全面安全合作的背景下，以色列撤出2000年9月28日以后占领的巴勒斯坦领土，拆除2001年3月以来新建的定居点。第二阶段（2003年6月至2003年12月），巴方完成大选，在“四方机制”组织召开中东问题国际会议后建立拥有临时边界和主要象征的临时巴勒斯坦国。第三阶段（2004~2005年），“四方”将推动巴以边界、耶路撒冷问题、难民问题等最棘手问题的谈判，同时推动叙以、黎以谈判，最终实现阿以关系全面正常化。[①]

（二）沙龙让步并接受和平“路线图”

沙龙虽然一定程度上接受巴勒斯坦国家这一概念，但是不同于巴拉克所宣称的从90%所占领土上撤出的这一构想，他能接受的是极其有限的范围。同时，巴拉克愿意在耶路撒冷问题上进行商讨，但沙龙坚决反对在耶路撒冷问题上进行任何形式的谈判和退让。因此沙龙实际上对此计划并不完全赞同，在计划正式公布前他曾提出了修改意见，但遭到了巴方和“四方”的直接拒绝。2003年5月沙龙表示将接受中东和平“路线图”计划。以色列内阁对此进行了激烈的争辩，但最终仍接受了这一计划。

沙龙接受和平路线图主要出于以下两点考虑：①美国在伊拉克战场的迅速取胜使美国国际影响力达到峰值，小布什开始全力促和，以色列无意破坏美国出于其长远利益所制定的核心计划。如果以色列对此反对，将直接损害以美关系，那么以色列在今后的巴以问题中将处于极为不利的位置。加之“四方机制”的压力，沙龙只能做出务实的让步。②阿拉法特在美国巨大的政治压力下不得不屈从于和平“路线

① 孙德刚. 中东和平“路线图”浅析［J］. 西亚非洲，2004（1）.

图”的设计，虽然他实际上依旧掌握着巴勒斯坦军政大权，但仍旧推出了一个新的温和派领导者阿巴斯。而阿巴斯的形象对于沙龙和以色列民众而言并没有在长期的巴以冲突中扭曲，沙龙希望借此“机遇”推动陷入停滞的巴以和谈，使以色列获取和平。

“路线图”计划起初被人们所看好，尤其是阿巴斯在2003年6月29日宣布巴以进入了90天的停火期。虽然以色列军方始终担心激进组织借此机会进行休整以求下一步行动，但沙龙愿意相信停火承诺。沙龙此时首先发起了加沙北部的撤离行动，随后又撤走了巴勒斯坦人聚集区的关卡，关闭了西岸地区的部分非法定居点，释放了关押的部分巴勒斯坦囚犯，放开了巴勒斯坦人的求职限制，可见沙龙在国内右翼势力的反对下对美国所主导的和平“路线图”计划做出了巨大让步。①

（三）中东和平“路线图”失效

虽然在停火期以色列受袭击次数较之前显著下降，阿巴斯也努力地缓解巴勒斯坦人对以色列的仇恨，但小布什和沙龙对巴勒斯坦人停止恐怖袭击的要求并未实现，究其主要原因是阿巴斯在巴勒斯坦人中尚未建立足够的威信，无力控制局面。尽管如此，阿巴斯一直努力说服美国相信其能够与“哈马斯”领导人达成协议。但沙龙终究还是不同于那些对阿巴斯抱有期待的美国官员，鉴于停火期依旧不断遭受攻击，他最终决定采取军事报复行动。停火期不到两个月，沙龙便发起了军事反击，“哈马斯”立即宣布中止停火协议，阿巴斯在谴责两者的行为后便匆匆辞职了。与此同时，小布什逐渐又将重心放置在伊拉克战后经济政治重建的问题上，推动和平“路线图”的力度不足。加上

① Robert O. Freedman. Israel and The United States: Six Decades of Us-Israeli Relations [M]. Boulder: Westview Press, 2012.

和平“路线图”本身缺乏可行性，巴以双方强硬势力都坚决抵制，最终和平进程重现停滞状态。①

第三节　沙龙配合美国中东政策与利库德集团的分裂

中东和平“路线图”在新一轮的巴以冲突中逐渐搁浅，但沙龙却基于务实考虑发起了“单边撤离”计划。该计划得到了小布什政府的支持，以美关系因此密切发展。然而该计划自出现以来遭到了以色列内部多方力量的反对，特别是在利库德集团内部掀开了分裂的序幕。因为在阿拉法特去世后，新任领导者依旧无法控制对以恐怖主义袭击活动，和平仍旧毫无踪迹，以色列安全仍未改善。但沙龙为了更坚定地实施该计划，最终退出利库德集团，组建前进党继续执政，利库德集团遭遇了自成立以来最大的挑战。

一、沙龙“单边撤离”计划促进以美关系

（一）沙龙再次胜选巩固其领导力

沙龙在 2001 年时通过总理直选上台，然而当时以色列议会中政党结构并未变化，因此沙龙最初迫于促和派压力曾表示其对和平进程可能会做出妥协。由于总理直选和议会选举分开进行，总理上台后往往受到更多的制约而无法保持执政决策的稳定。2001 年，以色列议会正式取消了总理直选，重新又恢复了议会选举制度，并从 2003 年第 16 届议会选举开始生效。2003 年的议会选举中，利库德集团取得了 1/3

① 赵伟明. 中东问题与美国中东政策［M］. 北京：时事出版社，2006.

的支持率，远远超过了提倡巴以和平的工党，这是巴以冲突和恐怖袭击不断升级的直接后果。因为以色列民众当时对于和平进程并不抱有希望，执政者如何保证国家和民众的安全才是获取政权的关键，因此对巴勒斯坦人强硬的沙龙和利库德集团顺利掌控以色列政局。沙龙在反恐活动上的强硬政策使其威望攀升，2003 年选举后更是在以色列政局中地位稳固。再次出任总理的沙龙积极配合美国的中东和平计划，以美关系也处于良好的发展轨道上。基于内外对沙龙政权的支持，他才能够力排众议实施“单边撤离”计划。

（二）“单边撤离”计划的动因

和平“路线图”是美国为促进中东和平进程的一次阶段性尝试，但最终由于多方因素而搁浅。阿巴斯辞职后，小布什政府决定从巴以和谈中短暂抽身，逐渐转向解决伊拉克不断恶化的状况。在中东地区，小布什开始推行民主化进程，他认为中东一旦实现民主，恐怖主义分子滋长的可能性将大大降低，该地区也将保持和平。这对于沙龙而言无疑是很好的政策转向，因为以色列一直以来不仅是美国反恐的坚定盟友，更是传统的民主国家。

在小布什推行民主化政策的同时，沙龙也开始设计“单边撤离”计划。2003 年 11 月，沙龙首次提出“单边撤离”的意向，12 月底开始拟定具体方案。2004 年 2 月，以色列正式宣布了总理沙龙提出的“单边撤离”计划。按照该计划，以色列将拆除加沙地区 17 个定居点和约旦河西岸的 4 个定居点。[①] 该计划出台后立即遭到国内右翼势力的强烈反对，但是在议会和利库德集团内部公决中最终都获得了通过。

沙龙之所以顶着巨大的政治压力坚决推行“单边撤离”计划有着复杂的现实背景：

① Colin Shindler. A History of Modern Israel［M］. New York：Cambridge University Press，2008.

（1）加沙地区面积不大，犹太人定居点也不多，但却是巴勒斯坦激进组织活动最为频繁的地区。为了保护这一地区的犹太人定居点，沙龙政府不得不投入巨大的人力物力。与此同时，加沙地区实际上不仅是巴以冲突爆发的重灾区，也是以色列安全的重大隐患。与加沙地区相比，约旦河西岸犹太人定居点很多。根据《第二奥斯陆协议》、《怀伊协议》和《沙姆沙伊赫备忘录》，以色列应从约旦河西岸95%的土地上撤出。然而由于2000年“阿克萨起义”的爆发，沙龙执政后不再执行之前所达成的协议，并以安全为由修建隔离墙。沙龙的“单边撤离”计划实际上是想在放弃加沙地带这一安全“包袱”的同时尽力保留西岸地区的所占领土。

（2）沙龙自上台以来奉行强硬对巴的政策，加大了对巴激进势力的打击，但以暴抑暴带来的是愈演愈烈的冲突。沙龙的强硬政策不但没有压制住暴力活动，反而引起了国际社会的广泛谴责，就连视以色列为中东民主模版的美国也对以色列提出批评。以色列的强硬政策也被看做是巴以和平的障碍之一，其国际形象严重受损，外交面临巨大压力。沙龙希望用撤离计划向世界以及巴方表明，以色列是希望实现和平的，阻碍和平的是巴勒斯坦人而非以色列。①

（3）中东和平“路线图”随着巴勒斯坦人恐怖袭击的频发而逐渐被搁置，沙龙宣布将在和平“路线图”失败的情况下推行“单边撤离”计划，此举不仅能够防止国际社会为了和平而对以色列进一步施压，还能展示以色列是一个无意侵占领土的民主国家。从某种意义上讲，此举还能延迟巴勒斯坦建国和巴以最终地位的谈判。② 更重要的是，沙龙还可借此举“挽救”美国和平“路线图”失效的局面，这完全符合

① 黄鹏，张熠. 浅析沙龙的单边撤离计划［J］. 阿拉伯世界，2005（4）.
② 赵国忠. 评以色列总理沙龙的“单边行动计划”［J］. 和平与发展，2004（3）.

美国的中东战略，自然会促进以美关系。

（三）小布什对沙龙的支持

2004年4月中旬，沙龙同小布什在华盛顿会面，小布什积极支持沙龙的新计划。这次会面不仅促使沙龙加速执行“单边撤离”计划，也进一步拉近了以美关系。小布什认为沙龙的做法在和平进程停滞的背景下具有积极的作用，符合美国的巴以政策，并提出了自己的看法：①在他看来，这是沙龙为和平做出的最实际的努力，重申以色列应该拥有安全的边界，而美国对此承担着不可推卸的责任。小布什反对巴勒斯坦人重返以色列领土的权利，认为巴勒斯坦难民问题应在巴勒斯坦建国后在其内部解决。②小布什赞同以色列对于部分领土的所有权，并认为让以色列完全撤回到1949年停火线是不可能的，最终的巴以谈判还应考虑到1967年以来以色列的定居点建设活动。③小布什支持以色列对于恐怖分子和恐怖组织拥有主动防卫的权利。因此，美国不仅默许了以色列进入加沙地区进行反恐行动，也间接支持了以色列暗杀“哈马斯”领导人的行为。与此同时，小布什还就沙龙修建安全隔离墙表示了理解，以美关系基于所达成的共识而呈现出紧密发展的态势。①②

小布什极力赞扬沙龙的“单边撤离”计划，并且在给美国犹太人组织的一个小册子中强调了美国对以色列地位的肯定，并强烈反对针对以色列的恐怖主义活动。在访美的过程中，沙龙将自己的“单边撤离”计划称作是对和平“路线图”的重要贡献，肯定了小布什对于以色列的支持。在美国大选的节点，沙龙的态度无疑是美国犹太选民的舆论导向。

最终，小布什在2004年赢得了大选，之后很快就传来对以美利好

① Robert O. Freedman. Israel and The United States: Six Decades of Us-Israeli Relations [M]. Boulder: Westview Press, 2012.

② Galia Golan. Israel and Palestine: Peace Plan from Oslo to Disengagement [M]. Princeton, NJ: Markus Wiener Publishers, 2007.

的消息，被小布什和沙龙视作巴以和解最大“阻碍”的阿拉法特离世了。阿拉法特的去世掀开了美国重塑巴以和平进程的新阶段，也是以美关系在和平进程问题上继续加固的机遇。然而，利库德集团却在沙龙与小布什就“单边撤离”行动达成一致意见的时候逐渐分裂，以色列政局出现了全新的变化。

二、利库德集团的分裂

（一）阿巴斯未能积极反恐

随着阿拉法特的离世和小布什的成功连任，似乎只要美国坚持推进和平进程的策略，巴以冲突就会在一定程度得到缓解。美国新任国务卿赖斯延续了之前的外交政策，并未有显著变化。伊拉克战争后美国虽然面临诸多新问题，但其影响力空前，中东民主化进程在表面上也取得了比较好的进展，伊拉克、黎巴嫩和巴勒斯坦民族权力机构先后举行了民主选举。阿拉法特的继任者阿巴斯曾为反恐做出过努力，也认为恐怖袭击是不符合巴勒斯坦人利益的行为。因此，美国为了巩固阿巴斯的领导地位，军事上帮助阿巴斯整理军备，经济上通过世界银行帮助巴勒斯坦人恢复经济，试图拉拢这个巴以和谈中的温和者。在沙龙看来，这个时候与阿巴斯达成停火协议可能会是一个绝佳的机会。

然而，阿巴斯随后的举措开始让良好的局面陷入危机。2005 年 3 月，阿巴斯没有遵循以美的要求去打击巴勒斯坦激进组织，而是选择在对话的前提下与其相处。此时，沙龙正准备在夏季继续实施“单边撤离”计划，但阿巴斯的表现使其在利库德集团内部和国家安全层面都承受着巨大的压力。同时，“伊斯兰圣战组织”始终未签署停战协议，有可能随时瓦解沙龙的整个撤离计划。对于阿巴斯而言，如何促进巴以关系在这一阶段显然不是重点，他致力于稳定巴勒斯坦人内部

的团结，巩固自己作为巴勒斯坦民族权力机构主席的领导权，确保“法塔赫”在巴勒斯坦人民心中的地位。[①] 即便如此，国务卿赖斯还是希望在沙龙“单边撤离”计划的实施中全力促进以色列和以阿巴斯为首的巴勒斯坦民族权力机构之间的合作。

但此时沙龙面对头号敌人“哈马斯”显得更为敏感，他坚决反对“哈马斯”参加巴勒斯坦立法委员会的选举，认为这是对《奥斯陆协议》的违背。[②] 沙龙表示，“哈马斯”必须明确放弃恐怖主义活动并且承认以色列的存在，只有这样才能参加选举。然而美国在这一点上与沙龙大相径庭，赖斯对沙龙施加了巨大的外交压力，希望沙龙可以默许“哈马斯”参与选举。一方面这是美国在中东推行民主化的需要，另一方面阿巴斯也给予了相应的承诺，答应在选举后迫使“哈马斯”放弃暴力。[③]

巴方处理反恐活动的不力以及美国对以色列的施压使得沙龙“单边撤离”计划所产生的争论达到顶峰。实际上，以色列内阁关于“单边撤离”计划的矛盾积累已久，利库德内部的分裂自“单边撤离”计划提出时便已出现，而后随着局势发展逐渐扩大。

（二）多重矛盾最终引发利库德分裂

为了顺利执行“单边撤离”计划，沙龙在计划出台之初极力排除来自极右势力的干扰，导致政府率先分裂。2003年沙龙连任后，年底便宣布将采取“单边撤离”计划，此举立即招来了巨大的阻力。在利库德集团内部，财政部长内塔尼亚胡、教育部长利夫纳特和外交部长沙洛姆等人都反对沙龙的这一计划。2004年1月12日，以色列议会以51票对39票通过了沙龙提出的“单边撤离”计划。3月15日，以

①③ Robert O. Freedman. Israel and The United States: Six Decades of Us-Israeli Relations [M]. Boulder: Westview Press, 2012.

②《奥斯陆协议》中规定“种族性”政党不得参加选举，“哈马斯”则一直以来宣扬彻底摧毁以色列。

色列议会就沙龙的“单边撤离”计划再次进行表决，获得通过。但5月2日沙龙将这一计划交付利库德集团内部进行公投时，以60%的反对票遭否决。在内阁中，有12名部长反对他的“单边撤离”计划，只有11名部长表示支持。[①] 这一计划还遭到代表犹太定居者利益的“国家联盟党”和“全国宗教党”的坚决反对。

2004年4月27日，约7万名犹太人涌入加沙的定居点，抗议沙龙提出的“单边撤离”计划，规模之大超乎预料。沙龙为了强行通过这一计划，于6月4日宣布解除“国家联盟党”成员利伯曼和埃隆在政府中的职务，使自己在内阁中的支持者超过半数。在此情况下，内塔尼亚胡等3人见大势已去，为了维护利库德集团内部的稳定而被迫改变态度。但此后，“全国联盟党”和“国家宗教党”先后退出了政府，利库德集团内部对沙龙所导致的政府分裂极为不满。

最终导致利库德集团彻底分裂的原因是以内塔尼亚胡为代表的党内右翼集体抵制沙龙的政策。内氏一直是沙龙在党内的竞争对手。内氏曾在1993~1999年担任利库德集团主席，1996~1999年任以色列内阁总理。内氏素以极端右翼保守思想著称，他曾为沙龙2001年上台执政出了大力，但后来坚决反对沙龙提出的“单边撤离”计划。内塔尼亚胡认为，和平和安全需要实现，但在（巴勒斯坦武装分子的）炮火下，且在未得到任何回报的情况下实施“单边撤离”计划显然不是能够实现和平的方法。在2004年内阁和议会先后批准了“单边撤离”计划之后，巴方仍然未对反恐活动采取足够的重视，以色列遭受着人员和物资上的损失，“伊斯兰圣战组织”仍旧在2005年持续对以色列进行恐怖袭击，可沙龙却在配合美国推进巴以和平的时候不断做出妥协，这是利库德集团再也无法忍受的窘境。2005年8月7日，在例

① 赵国忠. 评以色列总理沙龙的“单边行动计划”[J]. 和平与发展，2004（3）.

行的内阁会议上，内氏突然提出辞去财政部长职务。更使沙龙失望的是，2005年11月7日，以色列议会否决了他任命3名内阁部长的提名，多名利库德集团议会成员也投了沙龙的反对票。政界人士普遍认为，正是此事件导致利库德集团彻底分裂，沙龙最终决定退出利库德集团。[①]

沙龙的"单边撤离"计划自产生以来一直被以色列政府和利库德集团内部矛盾所困。在内部的巨大反对浪潮中，沙龙被迫脱离利库德集团组建了前进党继续执行自己的战略部署。他所组建的前进党明确指出，为让以色列成为犹太人安全的家园，放弃一部分领土是必要的。由此可见，沙龙执政前期受利库德传统思想所束缚，但后期采取了更加务实的对外政策，他在未脱离利库德集团之前，的确在"单边撤离"计划的基础上成功促进了以美关系的发展。

第四节　利库德集团右翼势力的回归与以美关系

沙龙为顺利实施"单边撤离"计划而脱离利库德集团重组前进党执政，但在2006年因病而退出了政坛，继任者埃胡德·奥尔默特带领前进党一直执政至2009年。在前进党执政的过程中，以色列为巴以和平做出了巨大的"让步"，然而却一直未取得理想的结果。加之以色列周边多重安全威胁的增多，以色列民众最终再次选择利库德集团执掌以色列。2009年内塔尼亚胡再次执政后，其个人修正主义思想丝毫未减，他重启定居点建设并消极面对和谈，以美围绕巴以和平产生了巨

① 余国庆. 后沙龙时代以色列政局及对以巴关系的影响［J］. 西亚非洲，2006（2）.

大分歧。而随后双方在伊朗核危机处理上的立场不同让以美关系在现阶段跌至低点。由于伊朗核危机事关以色列的生存，内塔尼亚胡在个人意识形态的影响下还会进一步放大伊朗的威胁，因而他在这个问题上难以接受奥巴马当下所采取的以谈为主的政策，以美关系在伊朗核谈判的过程中继续滑落，未来形势也不容乐观。

一、内塔尼亚胡再次执政的国内外因素

2009 年，以色列大选的结果清晰地表明了以色列政体内部的右倾趋势。内塔尼亚胡所领导的利库德集团在议会中从原先的 12 个席位跃至27 个席位，以色列家园党（偏右翼政党）从 7 个席位升至 15 个席位。相应的左翼政党席位减少，特别是工党从 19 席降至了 13 席。以色列政局之所以会发生这样的逆转，原因非常明了：以色列之前做出了巨大的让步，在采取“单边撤离计划”后仍旧没有获得最终的和平。

（一）“哈马斯”导致巴以和平无望

2006 年，奥尔默特接替沙龙担任以色列总理，上台后坚决执行沙龙的“单边撤离”计划。他愿意在领土问题上做出妥协，然而巴勒斯坦激进组织显然不为所动。

2006 年，“哈马斯”在巴勒斯坦立法委员会大选中获胜，巴以和平开始全面陷入危机。“哈马斯”成立于 1987 年，它产生于反抗以色列军事占领、恢复巴勒斯坦民族权利的民族解放运动之中。由于其一贯坚持对以武装斗争和恐怖袭击，以色列和美国都将其视作恐怖主义组织。[①]“哈马斯”崇尚传统信仰，主张通过不妥协的暴力斗争方式建立一个以耶路撒冷为首都的巴勒斯坦国。因此，在 20 世纪 90 年代中东和平进程启动后，“哈马斯”坚决反对巴以《奥斯陆协议》和一系列

① 王京烈. 哈马斯的崛起与巴以冲突形势分析［J］. 亚非纵横，2006（2）.

和平协议，不承认以色列的生存权，成为巴解组织最大的反对力量。双方在意识形态、斗争目标和方式上的差异导致彼此间的矛盾与分歧不断加深，严重时甚至兵戎相见。[①] 在沙龙时期，巴以和平常常因“哈马斯”的暴力活动而屡屡受阻，为此以色列曾于2004年将其精神领袖亚辛和新任领导人兰提斯定点清除，但这更加激化了“哈马斯”与以色列的矛盾。

“哈马斯”在胜选后开始单独组阁执政，在其明确拒绝美国和以色列提出的承认以色列、放弃暴力、接受已达成的和平协议等条件后，以色列决定不与“哈马斯”政府接触、不向其转交代收税款，关闭了以色列与加沙地带的口岸，和西方国家一起对“哈马斯”政府实行制裁。[②] 2006年夏，大规模的冲突再次爆发，“哈马斯”和“黎巴嫩真主党”相继对以色列军队发起袭击。随后以色列大举入侵加沙地区，并爆发了第二次黎巴嫩战争。2007年6月，“哈马斯”在加沙地带与“法塔赫”爆发了激烈的武装冲突，之后开始由其控制加沙地带。很显然，“哈马斯”和“法塔赫”这两个权力中心的对立使得巴以和平协议的缔结变成了遥遥无期的愿望。

以色列不断加强对“哈马斯”政府的封锁，武装打击行动接连不断。面对并不温和的局势，阿巴斯虽然在处理巴以冲突时充满善意，但是无力掌控大势。更重要的是，“单边撤离”计划根本无法被“哈马斯”认可，巴以和平也因此缺乏了重要的现实基础。

（二）以色列安全威胁增多

小布什政府从军事和经济上都对控制西岸地区的“法塔赫”进行援助。加强“法塔赫”的力量，可以遏制“哈马斯”的存在，还能够促使巴以和谈的实现。2007年11月27日，在美国的游说下，巴以领

① 李志芬. 哈马斯政策的变化及对巴勒斯坦政局的影响［J］. 西亚非洲，2008（2）.

② 陈天社. 伊朗与哈马斯关系探析［J］. 西亚非洲，2013（3）.

导人在安纳波利斯会议上宣布重启中断多年的和平谈判。2007 年 12 月至 2008 年底，奥尔默特同阿巴斯进行了多次会晤。与此同时，美国积极推进巴以和谈，赖斯在 2008 年先后 8 次访问中东。

然而就在多方做出努力的同时，以色列的安全却面临更多的挑战：①自“单边撤离计划”实施以来，以色列在定居点和军事基地等核心利益上都做出了重大让步，但以境内却仍旧不断遭受“哈马斯”的火箭弹袭击，因此也引发了以色列在加沙地区的“铸铅行动”。[①] 加沙地带已然成为了类似南黎巴嫩地区的反以军事基地，以民众对“单边撤离”计划的质疑日盛。据相关民意调查，21% 的以色列人将遭受火箭弹袭击列为最为恐惧的事情。②自内贾德 2005 年上台执政以来，伊朗不顾国际社会的压力加快核研发。伊朗总统内贾德接连在公开场合发表将以色列从地图上抹去的激烈言辞，对以形成了极大的心理压力。[②]

与此同时，以色列的阿拉伯人成为了国内的安全隐患。以色列境内阿拉伯社区的人数占国内总人口的 20%，这些人的领导者在以色列打击敌对力量的过程中不满情绪激增。同时，由于其在国内政治选举中无法获取同人口成正比的权力，他们甚至要求从以色列这个犹太国家中脱离出去，希望以色列成为纯粹的犹太国家。[③④] 这使得以色列民众更加不认可前进党的“单边撤离”计划，认为阿拉伯人根本不会理解以色列对和平的渴望，因此他们对和平逐渐也失去了热情。

以色列安全形势的变化使各党派对外政策的差异逐渐缩小，各主要政党及其领导人在涉及以色列安全的问题上趋于强硬。相比中左翼

---

① 铸铅行动，以色列以哈马斯不愿意延长停火协议的期限、袭击以色列领土为由，对加沙发动的武装侵略行动。

② 陈双庆. 以色列政治生态右倾与中东局势 [J]. 现代国际关系，2009 (3).

③ A Ghanem，M Mustafa. Coping with the Nakba：The Palestinians in Israel and the “Future Vision” as a Collective Agenda [J]. Israel Studies Forum 2009，24 (2)：52-66.

④ 王宇. 论以色列阿拉伯人的政治参与 [J]. 阿拉伯世界研究，2010 (2).

力量而言，利库德集团明确提出应立即阻止伊朗开发核武器，在外交和制裁等手段无效的情况下应采取必要的军事行动，利库德集团还支持运用武力手段推翻“哈马斯”政权。在此背景下，内塔尼亚胡还一再强调绝不会再在领土问题上向巴勒斯坦人做任何让步。[①]

因此，在前进党做出巨大“让步”而无法获取和平和以色列安全面临更多挑战的情况下，以色列政党和民众被右翼思想所控制，最终致使 2009 年选举中利库德集团的回归。在这个时候重新执政的内塔尼亚胡，同带有极端民族主义倾向的外交部长利伯曼，将会使以色列在新的地区形势下激化巴以冲突。同时，以美关系也进入了因伊朗核问题而分歧加剧的新阶段。

二、巴以和谈进程与以美关系的滑落

（一）奥巴马与内塔尼亚胡时期的以美关系及双方中东政策的走向

奥巴马与内塔尼亚胡先后出任两国最高领导人后，以美双方的中东政策出现了明显的调整，随之双边关系也发生了较大的转变。

奥巴马上任时处于美国国力相对衰弱、中东地区动荡加剧的时期，因此美国开始调整其全球战略，在战略收缩的框架下重振美国的领导地位。小布什任期时，巴以和平进程并未取得突破。以美关系虽然在打击恐怖主义的基础上稳定发展，但是美国与穆斯林世界的关系出现问题，穆斯林世界反美主义强烈。奥巴马意识到必须改善与穆斯林世界的关系，重启巴以和平进程将保障美国的安全，也能重新树立美国在中东的和平形象。[②] 在奥巴马看来，中东地区动荡与美国在中东控制力下降的核心诱因是持续的巴以冲突。因此，他决定从此入手改善美国的处境。

---

① 陈双庆. 以色列政治生态右倾与中东局势［J］. 现代国际关系，2009（3）.

② 王新刚，王立红. 中东和平进程［M］. 北京：时事出版社，2012.

总体看，以美关系围绕巴以和平问题出现了频繁的摩擦，相对于小布什时期紧密的态势而言也显得比较冷淡。[①] 面对利库德集团右翼势力的回归，奥巴马政府对以色列的外交压力显然不再像之前那么奏效。任职期间，内塔尼亚胡延续了个人的特点和利库德集团的强硬传统，在巴以冲突问题上寸步不让，拒绝采用“两国方案”解决巴以问题，在西岸地区采取积极的定居点建设计划，显然对巴勒斯坦问题消极对待，以拖延战术应对外部压力。[②] 在内塔尼亚胡看来，前进党政府的撤离行动是对恐怖主义活动和敌对势力的主动让步，将以色列的国家安全置于危险境地。在中东战略中，利库德集团组建的新政府最迫切的任务是将以色列拉回“正确”的外交轨迹，以色列不仅应立即放弃前任政府“一味求和”的行为，更要在打击反对力量的同时坚决阻止伊朗核计划的发展。由此而引发的以美矛盾显然不能避免，但以美关系之所以能持续走低还与两位领导者各自的外交实践有着直接的联系。

（二）内塔尼亚胡消极对待奥巴马的促谈行动

2009 年 5 月，内塔尼亚胡与奥巴马第一次会面时美国便提出了全面冻结定居点建设的要求，内塔尼亚胡断然拒绝。2009 年 6 月，内塔尼亚胡有条件地同意了“两国方案”，但仍坚持耶路撒冷不容分割且属于以色列。2009 年 11 月，内塔尼亚胡又同意了 10 个月的定居点建设暂停期，但是这种先扩建再暂停的方式显然不能被阿拉伯国家和美国所接受。[③] 在内塔尼亚胡坚持定居点建设无意推进和谈的时候，阿拉伯人在美国劝说下也表现得不令人满意。阿巴斯拒绝在内塔尼亚胡政府停止定居点建设前与其进行对话，叙利亚也不断违反联合国决议向“黎巴嫩真主党”提供武器装备。

---

① Zaki Shalom. US-Israel Relations: Approaching a Turning Point? [J]. Strategic Assessment, 2010, 13 (1): 21-27.

② 赵建明. 以色列内塔尼亚胡政府外交新动向 [J]. 现代国际关系, 2009 (11).

③ 王新刚, 王立红. 中东和平进程 [M]. 北京: 时事出版社, 2012.

2010年初，奥巴马和内塔尼亚胡之间的矛盾有了缓解的机会。奥巴马政府开始被伊朗核问题所困，伊朗政府不断拒绝国际社会对伊朗核技术研发的干预，这使以美有了共同的敌人。奥巴马逐渐对以色列表现出了一定的外交支持，例如赞同了内塔尼亚胡部分冻结定居点建设的提议，而不再坚持之前所要求的“全面停止建设活动”。[①]

然而在2010年3月中旬，以美关系和巴以和解再次萌发出危机。在经过一系列外交努力之后，美国迫使阿巴斯同意恢复初级的巴以和谈，并派出特使米切尔从中斡旋，同时美国副总统拜登也出访以色列为巴以和谈再做努力。然而就在出访过程中，由于内塔尼亚胡政府的默许和背后支持，以色列民众在东耶路撒冷阿拉伯人口居住区开始加速建设犹太人住宅，并以非法建筑和未经批准为由拆除了阿拉伯人住宅。这再次激怒了阿拉伯人，内氏此举无疑是单边地扩大了以色列对有争议地区的控制权。东耶路撒冷对于巴勒斯坦人而言，无论从政治还是宗教意义上都是巴勒斯坦国建国的首都，以色列此举将这一愿望打破。巴勒斯坦人推翻了之前的承诺，拒绝恢复对话。如此一来，对美国所积极促成的巴以和谈造成了巨大阻碍。

（三）内塔尼亚胡定居点政策阻碍复谈

2010年4月，奥巴马政府内部关于下一步的和平计划产生了两种方案：一种声音认为奥巴马应采取自己的和平计划处置巴以冲突，因为巴以冲突的悬而未决损害了美国在中东的地位；另一种声音则认为美国应让巴以双方作为解决问题的主角。奥巴马最终走了一条中间路线，一方面，他认为虽然美国为解决巴以冲突承担着巨大的压力，付出了诸多的努力，但最终还是要依靠巴以双方才能达成和平；另一方面，对奥巴马而言，巴以和平此时关切美国国家利益，美国必须尽力

① Robert O. Freedman. Israel and The United States: Six Decades of Us-Israeli Relations [M]. Boulder: Westview Press, 2012.

完成这一历史使命。①

奥巴马为了修复之前所产生的和谈危机，改善与以色列的紧张关系，2010 年 5 月再次试图开启巴以间接会谈。内塔尼亚胡在这一轮美国的外交部署中获利不少，美国向以色列承诺给予额外的 2 亿美元军事援助，每年提供至少 30 亿美元助以色列升级"铁穹"防御系统，以免受来自加沙和黎巴嫩的火箭弹攻击。内塔尼亚胡为了回应此举，暂时冻结了在东耶路撒冷地区的建设活动。

2010 年 9 月初，在美国和阿盟的共同努力下，阿巴斯终于同意与以色列展开直接对话。然而内塔尼亚胡之前承诺的局部定居点冻结期将在直接对话开始后三周到期。在三周毫无收获的直接对话后，内塔尼亚胡重启了东耶路撒冷民居和定居点建设，最终使得阿巴斯中断了这次谈判。为此，奥巴马希望内塔尼亚胡能再实行一次 90 天的冻结期，在此期间尽力达成一个大致的边界范围，未来以色列可以在属于自己领土的范围内继续定居点建设计划。作为回报，美国口头承诺以色列将获得除原有预定数量外的 20 架 F35 隐形战机，并与以色列制定一个安全条约。最重要的是，在巴勒斯坦民族权力机构游说联合国安理会对巴勒斯坦建国进行投票的问题上，美国还将帮助以色列阻止该行为。②

2010 年 10 月，巴以和谈终究因内塔尼亚胡坚持扩建犹太人定居点而中断。巴方始终要求将冻结定居点建设作为复谈的前提条件，内塔尼亚胡则要求无条件恢复和谈。加上中东新乱局的爆发，和谈直至 2013 年 7 月才再次开启。③

---

① Forcing the Peace [N]. Jerusalem Post, 2010-4-30.

② Netanyahu Moves on US Incentives Construction Freeze in West Bank [N]. Washington Post, 2010-11-15.

③ 龚正. 巴以和谈又要"停摆"? [J]. 世界知识, 2014 (10).

(四)奥巴马“促谈”过程中以美关系降至低点

美国虽然在内塔尼亚胡重启定居点建设后试图做出促和政策的调整，不再纠结于定居点建设问题，转向直接解决巴以冲突的核心争端，但2010年底开始蔓延的“阿拉伯之春”运动将巴以和谈问题掩盖了。奥巴马政府起初并未强调小布什时期的民主化政策，但面对复杂的局势不得不做出了一定的回归。对于内塔尼亚胡而言，中东掀起的权力重组和动荡严重威胁到了以色列的国家利益。特别是埃及反以势力“穆斯林兄弟会”一旦掌权，埃及与伊朗关系会随之升温，将会对以埃和平造成潜在的挑战。虽然埃及军方在穆巴拉克下台后控制了埃及政局，也表示会尊重1979年所缔结的和平条约，但是新政府对以色列显然是不友好的。

巴以冲突在中东乱局中加剧。2011年3月开始，以色列居民区持续遭受来自加沙的火箭弹袭击。随着这一轮的冲突的发展，内塔尼亚胡采取了迅速的军事报复行动，打击加沙地区的敌对武装力量，巴以冲突激化。与此同时，即使2011年2月美国在联合国安理会谴责了以色列在西岸地区的民居建设工程，但内塔尼亚胡仍然置若罔闻，拒绝停止。对于阿巴斯而言，他也无意开启和谈，他必须在这一波民主浪潮中赢得更多的支持以求保持执政地位，因此对外也必须呈现出强硬的对以态度。在与“哈马斯”进行多年的谈判后，阿巴斯决定与其达成一个基础的协议，组建一个临时的联合政府，为下一步西岸和加沙地区的选举做好准备。内塔尼亚胡对此极为愤怒，宣称以色列将不会与这个政府达成任何共识，因为在内塔尼亚胡心中，“哈马斯”一直以来都是以消灭以色列为目标的。[①]

阿拉伯世界的动荡所激化的地区问题、巴以冲突问题、伊拉克和

① Robert O. Freedman. Israel and the United States: Six Decades of Us-Israeli Relations [M]. Boulder: Westview Press, 2012.

阿富汗问题都让美国难以有所作为。同时，美国国内经济形势的恶化也使奥巴马的“再选”之路困难重重。因此，奥巴马急需一个足够重要的政治砝码维护自己的执政地位。2011 年 5 月，在国内和北约盟友的压力下，奥巴马试图将停止的巴以和平进程拉上正轨，但很显然这是一个极其艰难的任务。巴以和平进程不仅仅陷入了僵局，它也随着阿拉伯世界的动荡成为了“死结”。

奥巴马此时同情以色列所处的“恐惧氛围”，并谴责阿拉伯世界不承认以色列的做法，呼吁用“两国方案”解决双方的冲突。他希望新的巴勒斯坦国是非军事化的，新的领导者必须处理好“哈马斯”对以色列的仇恨立场。同时，他还强调以色列的安全，要求任何巴以协议和安全协议都必须旨在消除恐怖主义及保证边界安全。但他也认为，以色列在西岸地区的定居点活动是和平进程的一大阻碍，希望内塔尼亚胡能够做出让步，永久性的占领并不是民主国家的方式和手段。巴以边界应在 1967 年边界的基础上双方协商而定，这样才能确定安全与被认可的两国边界。[①] 很显然，奥巴马在此时转变了策略：2009~2010 年，他主要反对东耶路撒冷和西岸地区的犹太定居点扩张问题；2010 年底至 2011 年 4 月，他同时处理着地区与国内的复杂形势；2011 年 5 月开始，奥巴马建议先从边界和安全问题入手，之后再处理敏感的核心矛盾。

对此内塔尼亚胡极为不满，拒绝美国所提出的和谈基础。虽然奥巴马一再强调以色列的安全需求在巴以冲突解决过程中的重要性，但这对于利库德集团执政的以色列远远不够。特别是奥巴马关于 1967 年边界线为基础的新边界提议，更是让内塔尼亚胡为首的以色列右翼势力揭开了反对奥巴马和谈政策的浪潮。很显然，内塔尼亚胡在奥巴马

① Obama's speech [N]. Washington Post, 2011-5-20.

第一任期推进巴以和谈的过程中并未留下任何成绩。奥巴马甚至曾表示将冻结对以援助以迫使内塔尼亚胡放弃定居点建设，彻底接受在“两国方案”的基础上与巴谈判，以美关系在起伏的和谈进程中出现了最严重的对立，降至了最低点。[①]

（五）巴以和谈仍处僵局

2013年，奥巴马正式开始第二任期，其在对外政策上进行了一定的调整。奥巴马第一任期中，巴以和谈未有突破，以美关系降至低点。美国也无力控制由“阿拉伯之春”所引发的地区局势动荡。因此，在第二任期开始后，奥巴马为了恢复战略信誉，修复同盟关系，协调中东局势而重新推动和平进程，并将中东地区作为外交首选地区。[②]

在中东乱局下，巴以双方的立场也产生了微妙的变化。2013年上半年，内塔尼亚胡悄然冻结犹太人定居点新建设项目招标，克制行为明显。而巴方在联合国获得观察员国地位后，再没有申请加入任何国际组织，这些为美国推进巴以和谈创造了良好的开局。[③]

2013年7月，美国国务卿克里在连续6次访问中东后宣布，巴以新一轮谈判于7月29日至30日在华盛顿启动。此次“初始会谈”历时两天，主要为今后最终地位问题的谈判确定“程序性工作计划”，双方同意在两周内启动正式谈判。然而直至2014年4月谈判最后期限到来之际，这一轮巴以和谈仍未有成果。主要分歧还是集中在定居点、巴勒斯坦难民和耶路撒冷地位三个传统矛盾上。以色列在和谈启动后多次批准定居点建设计划，巴方因此而申请加入新的国际条约以示反对，同时美国对以色列推进和谈施压也不足够，最终导致和谈重新陷

① 王新刚，王立红. 中东和平进程［M］. 北京：时事出版社，2012.

② 王震. 奥巴马第二任期外交：从中东开局［J］. 世界知识，2013（8）.

③ 人民网：巴以和谈曙光再现［EB/OL］. http：//paper.people.com.cn/rmrbhwb/html/2013-05/11/content_1238229.htm？div=-1.

入停滞，巴以双方则互相谴责对方损害了来之不易的和谈。[①]

不仅和谈陷入了僵局，巴以冲突也再次被激化。2014 年 7 月，由于“哈马斯”对以色列平民的残杀，以色列发起了“护刃行动”，巴以和谈前景变得更加渺茫。时至今日，巴以和平进程仍处于僵局。2014 年年底，巴勒斯坦在联合国安理会首先提出了要求以色列结束占领的决议，随后立即启动加入国际公约和条约的程序，表示还将向国际刑事法院申请对以色列犯下的战争罪进行调查，这些举动引发以色列强烈不满。[②]

总体而言，随着以色列政治力量的右倾，内塔尼亚胡执政时期所坚持的定居点建设政策和奥巴马推进中东和平的愿望相背离，以美关系迅速滑落。尤其是内塔尼亚胡 2013 年再次担任总理后，巴以和谈的基本趋势也很难发生改变，巴以矛盾也将持续存在，其重启定居点建设便是例证。中东乱局的形成和巴以冲突的频发反而成为了利库德集团的又一个机遇，可以说以色列面临的外部威胁越多，地缘政治环境越复杂，以色列民众对右翼力量的支持可能越难以扭转。[③] 而奥巴马连任后仍将巴以和谈作为首要任务，希望借此修复与穆斯林世界关系，恢复美国在中东的战略信誉，进而有助于全球战略的调整，实现亚太地区战略“再平衡”。但由于内塔尼亚胡坚持的定居点建设活动，巴激进势力往往“以暴回应”，巴以和谈难以维系。在巴勒斯坦问题上，以美均从自身利益出发，关切点不同，对问题解决的期望值也有落差，因此以美关系在巴以和平进程谈谈停停的状态下很难有所改观。[④]

---

① 新华网：巴以和谈为何难有结果［EB/OL］. http：//news.xinhuanet.com/world/2014-04/23/c_1110379741.htm.

② 环球网：联合国敦促各方 推动巴以和谈［EB/OL］. http：//world.huanqiu.com/hot/2015-02/5669582.html.

③ 丁隆. 以色列：继续“向右转”［J］. 世界知识，2013（3）.

④ 陈双庆. 以色列大选及新政府面临的挑战［J］. 国际研究参考，2013（3）.

三、当前以美关系中的主要矛盾

中东变局后，阿拉伯国家政治动荡，中东伊斯兰激进势力蔓延。这些不仅使巴以冲突的解决失去了稳定的政治环境，也对以色列的国家安全形成了直接的挑战。

（一）伊朗核问题是当前以美关系最主要的矛盾

上文中已经分析过，内塔尼亚胡与奥巴马在解决巴以冲突的问题上存在较大分歧，造成了以美关系的滑落。但客观地看，目前巴以矛盾仍集中在一些传统的分歧上，而且巴以冲突与和平谈判的停滞也不再关系到以色列的生存危机，因此内塔尼亚胡与利库德集团的领导者们并未直接拒绝和谈。可见以美的立场在这个问题上还有回旋的余地。

以色列当前最大的安全隐患是伊朗核计划，它很可能决定着以色列能否继续存在，因而在这个问题上以色列与美国的立场产生了难以调和的冲突。尤其是在以色列议会右翼力量继续占优、内塔尼亚胡执政的情况下，以美间就此所产生的裂痕很难修复，因为这是以色列最核心利益与美国中东战略之间的巨大分歧，这比巴以和平问题上两者所产生的矛盾更加显著。

（二）伊朗核问题演变为核危机

伊朗核问题由来已久。早在1979年伊朗伊斯兰革命之前，伊朗核研发就已经启动。当时美国等西方国家将伊朗视为遏制苏联南下的重要战略屏障，因而对其核研发提供了一定的技术帮助。然而在1979年伊朗伊斯兰革命之后，政教合一的伊斯兰共和国成立，自此美伊从盟友变成仇敌，以色列也自然成为了伊朗新政权的敌人之一。伊朗自20世纪80年代末开始加速发展核能力，20世纪90年代还同俄罗斯等国进行核合作。美国一直强烈反对其核合作计划，并通过经济制裁和外交压力进行遏制，最终在西方的压制下伊朗开始进行独立的研发。[①]

伊朗核问题演变成为核危机始于2002年，起因是伊朗反对派透露伊朗将建成两座核设施，伊朗全面启动核技术研发的计划被曝光。计划曝光后，美国把核问题作为遏制伊朗势力扩张的最有效手段，把遏制、威慑、制裁的强制性外交以及间接干预和直接军事行动等都列为对伊朗的政策选项，并且随着美伊关系的变化而调整不同政策选项的施行力度。小布什政府时期，美国受“9·11”事件的影响，在中东全面推行霸权反恐，对伊朗核问题奉行铀浓缩零容忍政策，拒绝与伊朗就核问题进行对话，公开表达颠覆伊朗政权的诉求。这一追求绝对安全的高压政策把美国和伊朗直接推向地缘政治的对立面，伊核问题迅速升级为伊核危机。[②]

（三）伊朗拥核是以色列最大的威胁

伊朗自1979年革命以来，一直是美国和以色列的主要敌人之一，也是中东局势的不稳定因素之一。内塔尼亚胡本人具有浓厚的修正主义思想，坚持“大以色列”信仰，他所定义的安全观因此具有极强的主观性。从某种程度上讲，他需要的是以色列在国防力量上的绝对优势，确保以色列的绝对安全。以色列周边虽然一直以来都不平静，但还没有能够直接威胁以色列国家生存的力量存在。然而伊朗一旦拥核，将彻底改变以色列的国家安全态势，因为在内塔尼亚胡看来伊朗核计划的最终目的之一就是消灭以色列。

内塔尼亚胡之所以将伊朗核问题看作是以色列最大的威胁，并因此影响了以美关系，是个人意识形态因素和现实安全威胁的综合作用所致：

（1）伊朗领导人对以色列一直怀有强烈的敌意，例如伊朗前总统

① 邓红英. 困境与出路——中东地区安全问题研究［M］. 武汉：湖北人民出版社，2011.

② 岳汉景. 伊朗核问题的本质探析［J］. 西亚非洲，2006（6）.

内贾德一再质疑甚至否定大屠杀历史，这是犹太人完全无法接受的。伊朗反犹、灭以、否定纳粹大屠杀的一贯言论足以让以色列最为质疑其核技术用以和平目的的论调，由此所产生的恐惧是以色列右翼力量坚决要求采取先发制人、武力打击伊朗的心理因素。[①]

（2）伊朗的核威胁伴随着其他军事力量的扩张对以色列造成了巨大的安全挑战。伊朗常规军事力量一直以来稳步增长，近年来一直积极扩充海军力量，并扩建在阿曼湾、波斯湾等地的基地，频繁进行海军军演，特别是在靠近以色列海岸的地中海地区进行军演。同时，伊朗弹道导弹保有量在中东占据首位，无论从其规模、技术上都可以承载核弹头。其频繁地试射导弹，目的在于能够在地区冲突中触及想打击的目标，以色列便是这个首要目标。也正因此，内塔尼亚胡才希望美国能够继续沿袭小布什政府遏制伊朗的政策，坚持对伊朗可能进行打击的立场，而不是面对不停延期的核谈判与伊朗不断增长的军事力量。

（3）伊朗在积极研发核技术的同时在中东进行核扩散，使以色列有可能面临大范围的核威胁，中东阿拉伯国家很可能因此产生核竞赛。伊朗作为《不扩散核武器条约》的签署国，本应接受国际原子能组织的监管进行核研发。但2005年，内贾德却声称将对有需求的伊斯兰国家进行技术转让。更严重的是，由于伊朗的核研究，阿拉伯国家开始了核计划。同时，作为恐怖主义力量的资助者之一，一个拥核的伊朗将塑造出拥核的恐怖主义分子，恰巧以色列的死敌“哈马斯”与“黎巴嫩真主党”便是伊朗所支持的组织。因此，内塔尼亚胡在其安全观和意识形态的引导下，将伊朗视作以色列的最大安全威胁，数次声称美国若不干涉，以色列将进行单边行动来阻止伊朗掌握核武器技术。内

① 汪舒明. 大屠杀记忆、以色列战略文化与伊朗核危机［J］. 外交评论，2013（2）.

塔尼亚胡一直强调，以色列坚决反对伊朗拥核，认为与伊朗进行的谈判很显然是世界大国的退让，也无法阻止伊朗继续推进核技术。

（4）伊朗一直以来不仅资助针对以色列的激进组织，还明确表示将以消灭以色列为目标，其国内权威领导者的灭以言论目前仍然存在。2014 年 11 月 8 日，伊朗最高精神领袖哈梅内伊通过社交网络“推特”发表了消灭以色列的 9 个主要观点，表明了伊朗始终将以色列视作必须彻底清除的目标。奥巴马在这个时候对伊朗核问题仍持谈判态度，认为制裁不是最佳路径，使得内塔尼亚胡与其裂痕更大。[①]

（四）奥巴马逐渐确立以谈判来解决核危机的立场

奥巴马上台之初，美国遭遇金融危机，深陷阿富汗战争和伊拉克战争的泥潭，国际地位严重削弱，因而不得不把对中东事务的收放作为盘活外交全局的重要支点，以合作维持霸权，与伊朗接触成为美国改善自身在伊斯兰世界形象的努力的一部分。但是，由于伊核问题僵局依旧，美国对伊朗政策迅速回归制裁轨道，美伊对抗气氛再度加重。但是美国仍坚持通过谈判途径以压促变，迫使伊朗放弃核计划。[②]

奥巴马在处理核危机的过程中，由于过于考虑其国家安全战略而损害了以美间的政治互信。例如，奥巴马曾在全球范围内呼吁消除核武器，旨在逼迫伊朗放弃正在进行的核计划。然而在 2010 年 5 月《不扩散核武器条约》缔约国审议大会上，美国甚至还要求以色列加入其中，希望在世界范围内各国公开并销毁核武器。也许在奥巴马看来，以色列如果能够放弃核技术研发，那么伊朗在核问题上也将不会如此顽固。与此对比强烈的是，在 2005 年的审议大会上小布什政府曾拒绝签署要求以色列加入的相关文件。奥巴马的做法与内塔尼亚胡的国家

① Military Threats to Israel: Iran [EB/OL]. http://www.jewishvirtuallibrary.org/jsource/Threats_to_Israel/Iran.html.

② 沈雅梅. 美国对伊朗政策调整的动因及其空间 [J]. 现代国际关系，2013 (6).

安全战略产生了矛盾，内塔尼亚胡必然希望发展核技术，用之震慑与其敌对的伊朗等激进国家。

当下中东局势发生了巨大的转变，伊朗传统的对手反伊立场松动，皆关注于国内政权的稳定而无暇顾及伊朗核问题。与此同时，美国国内反战情绪高涨，民众都认为美国应通过外交手段与伊谈判。而伊朗在长期的制裁下国内经济恶化，于是也开始释放出与美谈判的信号。[①]因此，奥巴马政府确立了以谈判为主的核危机解决途径。2013年温和派代表鲁哈尼当选伊朗总统后，美伊互动频繁，双边关系出现缓和。9月26日，美伊外长六年来首次会晤讨论伊朗核问题。9月27日，奥巴马与鲁哈尼直接通话，这是美伊最高领导人34年来首次直接对话，美伊关系破冰。究其原因，美国需要伊朗配合其中东收缩战略，促变才是美国的最终目的。而伊朗由于多年的经济制裁，国内矛盾积聚，主和势力日渐占据上风。[②] 2013年11月，伊朗与“六方”就核问题达成临时协议，开启最终协议谈判。然而由于各方分歧太大，谈判两次延期。目前，伊朗与全球大国拟定在2015年3月底结束的核问题谈判已经到了最后阶段，2015年7月14日伊朗正式签署放弃核武器的协议。

（五）内塔尼亚胡对奥巴马立场的批判

面对伊朗长期以来的核技术研发和一直未有所获的谈判，当前内塔尼亚胡的态度与奥巴马以谈为主的立场形成了重大分歧。内塔尼亚胡是利库德集团的传统人物，其在巴以和平中曾拒绝履行相关协议，为追求绝对的安全而重启定居点建设活动，他的“大以色列”信仰鲜有动摇。因此，内塔尼亚胡对于其界定的敌人向来坚持强硬的斗争方

① 沈雅梅. 美国对伊朗政策调整的动因及其空间［J］. 现代国际关系，2013（6）.
② 田文林. 美国与伊朗关系缓和：神话还是现实？［J］. 国际研究参考，2013（10）.

式，在伊朗核问题的处理上坚持对伊朗进行强力制裁和武力打击，反对美国极力促成核谈判和减缓对伊朗制裁。

2009 年内塔尼亚胡上台后，9 月便在联合国大会上发表演讲，将伊朗拥有核武器视作国际社会最大的威胁。2012 年 9 月，仍是在联合国大会上，内塔尼亚胡坚称伊朗是毁灭以色列的致命力量，公开呼吁国际社会在伊朗核问题上划出一条红线。① 内塔尼亚胡还在与奥巴马的会面中明确要求美国承诺会使用武力迫使伊朗放弃追求核武器，并威胁以色列将采取单边行为解决危机。②

2013 年，内塔尼亚胡在就职仪式上再次提出防止伊朗拥有核武器将是新政府的当务之急。③ 随着解决巴以冲突急迫性的下降，伊朗核问题对以色列长远的安全而言才是最大的威胁。2013 年 9 月 24 日，奥巴马在联大讲话表示要推动伊朗核问题谈判后，以色列高调反对美伊缓和。内塔尼亚胡一再声称，鲁哈尼是披着羊皮的狼，认为其所谓的核计划用于和平目的只是为了对外争取时间，并一再强调对伊经济制裁不应减轻。④ 就目前看，奥巴马政府虽然一再坚称不放弃武力打击的手段，但仍然主要坚持以外交方式和平解决问题。在内塔尼亚胡看来，无休止的谈判是伊朗核计划的缓兵之计，美国谈判为主的方式增加了以色列的安全危机。而事实也的确印证了内塔尼亚胡所担心的安全危机，2014 年 11 月 27 日伊朗最高精神领袖哈梅内伊再次发声，宣称无论核协议能否最终达成，以色列都将面临越来越大的安全威胁。并且根据美国情报部门的评估，伊朗实际在制造核武器上已经不存

① Addressed by Benjamin Netanyahu, Prime Minister of Israel, at UN General Assembly, September 24, 2009.

② 环球网：以色列称或自行解决伊朗核问题 将向美下“最后通牒”[EB/OL]. http://world.huanqiu.com/roll/2012-03/2493171.html.

③ 环球网：内塔尼亚胡称防止伊朗核武化系新政府当务之急 [EB/OL]. http://world.huanqiu.com/exclusive/2013-01/3573074.html.

④ 田文林. 伊朗核谈判困境下的美伊博弈 [J]. 当代世界，2015 (1).

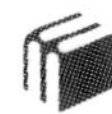

在技术障碍了。[①]

基于立场上的不同，内塔尼亚胡与奥巴马产生了难以调和的矛盾。以美间由于伊朗核问题在 2015 年 3 月再次出现了前所未有的裂痕。内塔尼亚胡“绕过”白宫访问美国，在国会山发表演讲公开批评奥巴马政府的伊朗核问题政策，抨击奥巴马所积极推动的伊核问题谈判，认为全面协议将使伊朗大规模拥有核设施，开启中东核噩梦。[②]内塔尼亚胡此举不仅加剧了美国国内两党的争论，在奥巴马看来更是破坏了美以关系的基本结构，这种激烈的对立表态在美以互动历史上相当罕见。[③]

以美因伊朗核谈判所产生的分歧逐渐深化，这使双边关系产生了最严重的分歧。目前奥巴马并不想强化美国在中东的存在，主要还是集中力量深化重返亚洲的“再平衡”战略，因此一心只想促成伊朗核谈判全面协议的达成。但当下中东乱象丛生，“伊斯兰国”极端恐怖主义组织的出现又揭开了中东恐怖主义的新一波高潮，以色列作为被打击的目标之一自然如坐针毡。伊朗核问题的悬而未决使内塔尼亚胡此时面临着极端恐怖主义和核威胁的双重生存危机，所以内塔尼亚胡及右翼势力必然对伊朗核问题坚持强硬态度且难以扭转。在利库德集团的执政过程中，就曾经发生过类似的事件。贝京执政时期以色列宁肯冒着国际社会的谴责和巨大的政治风险主动出击炸毁伊拉克核反应堆就足以说明利库德集团对于核威胁的态度。因此，在美国不改变现有立场且核谈判无果的情况下，如果利库德集团及右翼力量继续执政，以美间很可能继续产生摩擦和矛盾，而未来的中东很可能持续处于恐

① Military Threats to Israel：Iran ［EB/OL］. http：//www.jewishvirtuallibrary.org/jsource/Threats_to_Israel/Iran.html.

② Netanyahu's Speech to Congress Regarding Iran ［N］. The Washington Post，2015-3-3.

③新华网评论：内塔尼亚胡赴美“拆台踢场”有权任性？［EB/OL］. http：//www.chinanews.com/gj/2015/03-09/7112366.shtml.

怖主义和核危机的笼罩之下。

当然不能否认的是，以美特殊关系从根本上发生变化的可能性极小。以色列在中东仍是美国最能够信赖的战略盟友，美国也是以色列生存壮大的最重要依靠。目前的以美关系处于 21 世纪以来的阶段性低谷期，未来双方可能需要一个重要的战略机遇才能够使双边关系回暖。

第七章　结　论

通过全书的论述，作者发现利库德集团带有显著的“修正主义”烙印，在此基础上，其执政时期往往对中东和平进程造成了较为明显的阻碍。而美国在中东地区自冷战以来绝大多数时间都致力于推进中东和平进程，以美间因此矛盾频发。更为重要的是，利库德集团的执政思想和方针往往助其在政治安全环境恶劣的情况下获得并巩固政权，因此就目前中东局势而言，利库德集团持续执政的可能性较大，当下跌至低点的以美关系在一定时期内也难有改观。笔者从利库德集团的产生、利库德集团执政的历史、利库德集团对以美关系的影响三个层面总结全书内容，得出了以下几点结论。

一、“修正主义”是利库德集团主流意识形态的本源

利库德集团作为以色列最主要的右翼力量，自 20 世纪 70 年代以来在以色列政局和以美关系的发展变化中发挥着巨大的作用。利库德集团在维护国家安全、处理巴以冲突和伊朗核问题上所坚持的强硬政策众所周知，然而这种右翼立场的划分大多是作为一般性结论存在的。本书从利库德集团的历史源头开始梳理，将利库德集团的主要政策与其所沿袭的“修正主义”思想相对应。同时，从修正主义者的政治实践分析利库德集团的形成过程。从这两个层面出发，我们可以发现利库德集团的主要政策具有独特的继承性和稳定性，“修正主义”是其主

流意识形态的本源。

20 世纪 20 年代，犹太复国主义运动的受阻使修正主义者们急于寻找其他可行的途径。阿拉伯人与涌入的犹太人冲突加剧，大国对于犹太人家园问题也举棋不定，这些使得修正主义者们脱离主流的犹太复国主义运动，坚信必须通过军事斗争才能获取完整的犹太家园。作为修正主义的领袖，雅博廷斯基将“修正主义”思想具体化：①“以色列地”是不容分割的；②犹太人对“以色列地”拥有永久的绝对的权利；③犹太人家园必须通过军事斗争的途径才能得到保障。犹太人在多年的建国过程中虽然取得了重大的成就，但更加认识到了所面临的战争危机和难以调和的暴力冲突，这也是修正主义思想能够愈发壮大的现实因素。

利库德集团早在其政党宣言中就明确指出，犹太人对约旦河西岸和加沙地带拥有绝对的权利，以色列的目标便是实现犹太人的这一权利。这一政党目标实际上是修正主义者犹太复国主义思想的直接体现。利库德集团所继承的修正主义思想在其执政期间的定居点建设政策和巴以冲突问题上展露无遗。贝京时期向埃及归还西奈半岛，签署埃以协议，但同时加强了西岸的定居点建设活动，在法律上吞食了戈兰高地，冒着巨大的政治风险对外进行主动的军事打击；沙米尔时期将定居点建设活动推向高峰，坚决暴力镇压巴勒斯坦阿拉伯人起义，消极对待美国主导的中东和平进程；沙龙执政前期，在以美反恐中打击巴解组织，而其本人也曾是定居点建设活动的积极促成者；内塔尼亚胡两次执政时期，既未贯彻巴以之前达成的和平协议，也未在和平进程上实现真正的突破，如今又因伊朗核问题与美国产生直接的对立。这些局面的形成不仅是领导者个人经历的产物，更是利库德集团本身政党意识形态的直接结果。具体看，利库德集团继承修正主义思想的体现如表 7–1 所示。

表 7-1 利库德集团继承"修正主义"思想的体现

	继承性的体现		
利库德集团的主要政策	坚持定居点建设活动	①反对巴勒斯坦建国 ②消极对待巴以和谈	①强硬打击巴勒斯坦敌对势力 ②"先发制人"以求国家安全
修正主义的主要政治思想	犹太人对"以色列地"拥有永久和绝对的权利	"以色列地"的完整性	军事斗争思想

资料来源：由笔者根据文中资料和相关数据制成。

在其极具辨识度的意识形态的指引下，修正主义者最终走上了自己的建国之路。修正主义运动在坎坷的建国进程中形成，在激化的阿犹冲突中扩大，最终衍生出了一些重要的组织团体。修正主义者们随后又在反对工党执政的过程中联合多方力量，为了他们统一的政治目标而促成了利库德集团，以便将修正主义思想彻底融入以色列的国家行为之中。从利库德集团诞生的组织过程看，它本身也是修正主义运动的产物。在犹太人地下武装力量伊尔贡和贝塔尔青年运动的基础上，修正主义者的主要力量又发起了赫鲁特运动，联合其他力量建立了加哈尔集团，直至最终又促成了利库德集团。这个过程见证了以色列政局中右翼力量的扩大，也体现了修正主义思想对犹太人的渗透（见图 7-1）。

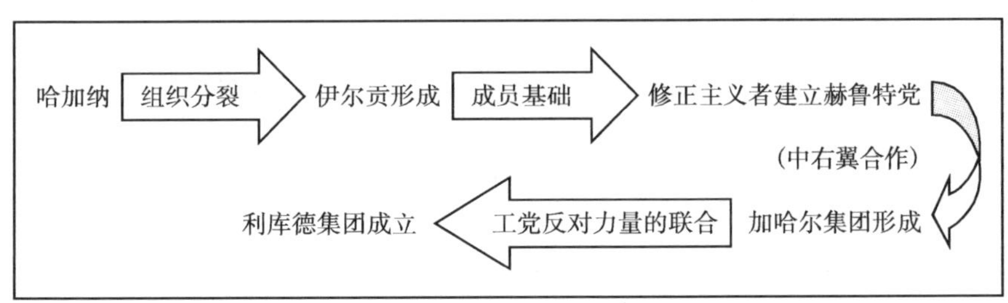

图 7-1 修正主义者与利库德集团的形成

因此，利库德集团的主流意识形态本源是修正主义思想，也正是这个思想基础萌发了利库德集团的组织过程。利库德集团的主要政策是其主流意识形态的必然结果，也是其与中左翼政党差异的最直接体现，并且这种政策将一直在利库德集团执政过程中保持下去。

与此同时，我们还可以从理论上解释其主流意识形态对政策制定的决定作用。在历史唯物主义范畴中，意识形态体现了一定阶级的利益或要求，也是其力图保持或改变现存社会制度的思想观点和体系。[①]马克思、恩格斯认为意识形态是与其他社会存在相对应的一种存在，也就是说其应该包含社会中的多种要素，它的产生、性质与发展应由政治经济状况所决定，是反映社会政治经济制度的思想体系。[②]意识形态形成于特定的政治、经济和文化基础之上，反映了特定阶层的利益和要求，是该阶层特有观念的综合体。

从这个角度看，利库德集团的主要政策必然与其意识形态时刻保持一致，这是政党意识形态作用的直接体现：

（1）价值导向与推进。对政党内部成员而言，意识形态指出了其前进的目标和奋斗方向，使全体党员拥有共同的信仰、追求和价值判断。[③]利库德集团所坚持的修正主义思想首先限定了其成员的政治立场。

（2）辩护与批判。在实践中，政党的意识形态就是政党为宣传自身行为和政治主张所建立起来的一整套思想体系，为政党提供合法性的辩护。[④]利库德集团在竞选时往往批判工党政府的错误决策，强调自身对外政策的合理性。

（3）政党的意识形态的衍生功能很多，围绕着价值观念体系在不同层面影响着政党的政治实践。政党的意识形态是政党发展与壮大的根本动力，是政党“软实力”的体现，其影响力的大小与政党的竞争力、执政地位的稳定成正比。利库德集团所坚持的主要政策是挑战工

① 王长江. 政党论［M］. 北京：人民出版社，2009. 肖前. 马克思主义哲学原理（上册）［M］. 北京：中国人民大学出版社，1994；中共中央马克思恩格斯列宁斯大林著作编译局. 马克思恩格斯选集（第一卷）［M］. 人民出版社，1972. 在《德意志意识形态》一书中，意识形态的第一种含义即当时所流行的唯心主义色彩的德意志意识形态。作为被批判的对象，其被视作统治阶级为私利而营造出来的一种虚假观念。

② 刑贲思. 意识形态论［J］. 中国社会科学，1992（1）.

③ 余科杰. 论政党意识形态结构特征及其功能作用［J］. 新视野，2007（5）.

④ 李美玲. 政党意识形态观的理论研究［J］. 社会科学家，2008（10）.

党、巩固执政地位的关键，因此其难以轻易动摇。

根据政党意识形态理论可以总结出：①政党意识形态可以帮助政党从内部和外部两个方面整合出一个自己所坚持的完整的信仰体系；②政党意识形态更能表明政党的目标，将其他人尽可能地纳入自身的价值观念体系之中，进而宣扬和保护政党意识形态的合法性。由此我们可以推断利库德集团在其修正主义思想的指导下还将坚持其一贯政策，难以转变。这也是沙龙为何不得不退出利库德而重组前进党执政的内部因素，在利库德集团根深蒂固的意识形态下他无法贯彻其“务实”的政治决策。同时，这也是为何以美矛盾频发而难以避免的重要原因。

同时也值得关注的是，这种宗教性的意识形态与大多数阿拉伯国家所信仰的伊斯兰教也有着现实的矛盾。从源头来看，基督教和伊斯兰教都受到犹太教的影响，三个宗教之间联系密切。基督教和伊斯兰教教义都继承或借鉴了希伯来圣经，三教视耶路撒冷为圣地，都反对多神崇拜，推崇单神信仰。从历史来看，自 19 世纪末开始，犹太人走上了重建犹太国的道路。第二次世界大战之后，在西方国家的宗教同情和外交支持下，颠沛流离的犹太人回到“应许之地”建立了以色列国，实现了民族复兴和宗教救赎。在犹太人眼中，耶路撒冷就是上帝给予以色列人的“应许之地”，但与之对应的后果是原本在巴勒斯坦地区居住的阿拉伯人沦为难民，他们不得不背井离乡，走上流浪之路，由此便引发了阿拉伯国家和以色列长期的暴力冲突。从更深处挖掘，领土之争的本质还体现了宗教之争。对于犹太教而言，耶路撒冷圣殿山上有其重要的圣殿遗址，如今还留有遗迹——哭墙。对于伊斯兰教来说，阿克萨清真寺则是其第三大圣地。以色列通过战争控制了耶路撒冷地区后，陆续拆毁了阿克萨清真寺周围的大部分建筑，由此引发了激烈的宗教冲突。巴以双方都将耶路撒冷视为圣地，因而在耶路撒冷的归属问题上都绝不可能退让，这也是巴以冲突中最核心的问题。利库德集团所传承的修正主义意识形态军事斗争性显著，对外部敌对势力极为强硬，对于耶路撒冷圣地的所有权更是极为敏感，因而自然会为保护“权利”而不惜一切代价。

二、在政治、安全环境恶劣的情况下利库德集团执政可能性较大

利库德集团在以色列历史上多次执政，每次胜选皆有其国内外综合因素，但外部因素对其胜选的影响相对更大。单从以色列议会选举结果看，在地区局势动荡、安全环境恶劣的情况下，利库德集团的主要政策对以色列民众更具有吸引力，从而其得以组阁或联合右翼力量执政。

从表 7–2 我们可以看到利库德集团的执政和在野阶段（总理直选期间利库德集团的票数不作为参考对象）：1977~1988 年，利库德集团打破以色列政局一党独大的历史，直接或联合执政以色列；1988~1992 年，利库德集团支持率急剧下跌，最终失去执政地位；2003~2006 年，利库德集团由于分裂不仅失去了执政地位，自身力量也受到重创；2006~2009 年，务实的前进党继续执政；2009~2013 年，利库德集团为首的右翼力量掌握政局。

表 7–2　1977 年以来利库德集团、工党、前进党在议会选举中的席位

		1977 年	1981 年	1984 年	1988 年	1992 年	2003 年	2006 年	2009 年	2013 年
右翼	利库德集团	43	48	41	40	32	38	12	27	31
中间派	前进党							29	28	2
左翼	工党	32	47	44	39	44	19	19	13	15

注：数据包含利库德、工党与其他政党联合参选结果，不包含总理直选时期①。

① 图表均为自制。议会选举数据来源：Israeli Elections：Electoral History［EB/OL］. http：//www.jewishvirtuallibrary.org/jsource/Politics/knesseteleCtionstoc.html.

表 7-3 利库德历届议会选举前以色列面临的安全形势（不包含总理直选时期）

利库德胜选年份	1977	1981	1988	2003	2009	2013
利库德胜选前以色列面临的安全形势	第四次中东战争后对安全的担忧	巴解组织的威胁	巴勒斯坦阿拉伯人起义	阿克萨巴勒斯坦人起义	伊朗核危机加剧	伊朗核危机持续、极端恐怖主义爆发
利库德败选年份	1984		1992		2006	
利库德集团败选前以色列面临的安全形势	安全环境在埃以和平后改善		美国完全主导中东，以色列安全环境相应改善		1. 国际社会推进和平 2. 以美共同反恐 3. 巴方温和派掌权	

结合表 7-2、表 7-3 及正文内容可以发现，利库德集团在议会中的起伏变化与以色列在议会选举前所面临的安全环境紧密相关。同时，总理直选时期也能反映出这一特征。具体表现为：

（1）1977 年利库德集团首次执政很大一部分原因是工党在第四次中东战争出现的巨大决策失误导致民众不满，他们对国家安全怀有质疑。利库德集团对“以色列地”完整性的要求和对安全的极度关切将民众的选票从党内腐败丑闻频发的工党手中夺走。埃以和平实现后，以色列排除了一个重大的安全威胁，地区安全威胁降低后民众开始转而关注国内发展问题。黎巴嫩战争虽然一定程度上达到了利库德集团的政治目标，但是由于战争的侵略性，国内外反战情绪高涨。同时由于国内经济问题的恶化，1984 年大选中利库德集团不敌工党，但最终由于两者都无法单独组阁才建立了大型联合政府。

（2）20 世纪 80 年代中期开始蔓延的宗教性恐怖主义和 1987 年开始的巴勒斯坦阿拉伯人起义再次对犹太人的安全造成直接的挑战。以色列民众面对激化的巴以冲突再次加大了对利库德集团的支持，认为其对巴政策更能保护他们的安全。因而在 1988 年选举中，利库德集团再次成为最大党，右翼力量也有所增加。

（3）苏联解体后，美国为实现其全球战略，老布什在中东地区削弱地区大国势力，积极推进中东和平进程以求形成美国主导的新秩序。加上美国在海湾战争后地区影响力到达顶点，阿拉伯国家对以色列发动战争的可能性大幅降低。而此时利库德集团所采取的定居点建设活动和反对巴以和谈的做法既不利于以美关系的发展，也不符合整体上相对平稳的中东局势。1992 年以色列议会选举中，利库德集团以较大差距败给工党。虽然工党政府在巴以和平上陆续取得了重要的成果，做出了利库德集团政府时期绝不可能的妥协，但新一轮巴以冲突的爆发以及阿拉伯激进国家对和平进程的不配合致使内塔尼亚胡在 1996 年总理直选中战胜了主和派领导人。内塔尼亚胡上台后，拖延贯彻之前的和平协议，在克林顿政府的施压下仍不积极推进巴以和谈，并重启定居点建设活动，拒绝在巴以和谈的核心矛盾上做出妥协。在外界看来，内塔尼亚胡的做法打破了原有可能达成的巴以和平，毕竟克林顿政府已迫使阿拉法特做出了一定的让步。更重要的是，内塔尼亚胡没有把握住更偏向以色列的克林顿政府，以美关系滑落。

（4）1999 年总理直选中埃胡德·巴拉克胜选，其上台后立即努力实现巴以和阿以和平，但终未取得进展。相反的是，2000 年开始又再次爆发了阿克萨巴勒斯坦人起义，恶化的安全环境和剧减的公众支持迫使巴拉克提前进行选举，利库德集团领导人沙龙开始执掌以色列。沙龙上台后全力打击巴解组织，遏制恐怖袭击活动，配合小布什政府的和平进程。2003 年议会选举中利库德集团力量稳步增长，沙龙稳定执政。然而由于沙龙采取现实主义的战略决策，导致利库德集团分裂。沙龙重组中间派前进党，既强调打击安全威胁，也愿意为和平作出妥协。相比利库德集团而言，前进党配合美国推进中东和平的决策，满足了民众对于和平和安全的双重需要，因此在 2006 年议会选举中前进党继续执政。

（5）在前进党作出巨大妥协之后，巴以冲突却仍然不断激化，激进势力对以色列的袭击活动从未停止，在安全受到巨大威胁下，2009 年以色列议会选举中利库德集团不仅大幅度恢复了在议会中的影响力，并联合右翼政党重新执政。2010年末蔓延开来的“阿拉伯之春”运动和进一步深化的伊朗核危机彻底改变了以色列原本整体相对稳定的安全环境。以色列原本达成的和平协议是否还具有约束力令人担忧，阿拉伯世界的分化与重组让以色列更加缺乏其所需要的安全环境。与此同时，以色列还要面对一个历史上反犹反以、现实中坚持核计划的伊朗。在此背景下，以利库德集团为首的右翼势力在2013年议会选举中继续保持优势，执政至今。

综上所述，利库德集团成为执政党或其领导人担任总理往往处于巴以冲突加剧、和平进程推进无望、地区局势动荡的背景下。从利库德集团自身特点讲，其主流意识形态继承修正主义思想，而修正主义运动正是在阿犹冲突恶化、犹太人安全无法保障、“克制”政策无法换取阿犹和平的阶段壮大起来的。利库德集团向来稳定的强硬政策几乎从未动摇，政策的针对性也比较明显。因此，在当下地区安全结构脆弱、恐怖主义爆发的背景下，以美关系虽然遇冷，但以色列民众仍有很大可能将国家安全寄托在右翼力量身上，他们也有理由认为利库德集团政府是为了确保安全而不得不与美国在核心问题上产生矛盾。

三、利库德集团对中东和平进程的损害较大，以美关系往往因此遇冷

中东地区在冷战中是美国反苏的最重要阵地，冷战后是美国主导全球的重要支柱，当下是美国实行全球战略调整的关键环节。因此，中东地区的稳定和局势与美国核心利益密切相关。第二次世界大战以后，中东地区最大的问题便是和平问题，中东和平进程直至今天还未完成。美国在冷战中屡屡借助推进中东和平进程拉拢阿拉伯国家，冷战后则推进中东和平进程支撑其全球战略，当下则需要中东和平进程保证其经济利益和战略调整。以色列是中东和平进程中的核心参与者，

然而中东和平进程在利库德政府或是其领导人执政时期往往受到损害，即使有所推进也是难以维系，这一状态明显与美国所需要的状况并不相符。

在前两点结论中我们已经得出，利库德集团的政策传承了修正主义思想中的主要内容，其意识形态本身也具有稳定性，因此利库德集团很难改变其一贯的执政方针。在利库德集团主要的政策中，直接关系到巴以和平与中东和平进程的内容最多。除了沙龙时期的“单边撤离”计划，几乎每一届利库德集团政府或其领导人执政时期以色列都未在巴以和平上做出实质的妥协和让步，巴以冲突往往被激化，阿以和谈也频繁陷入泥潭。之所以利库德集团消极对待和谈与其对巴勒斯坦人和阿拉伯人的认知及观念紧密相关。

从这一角度出发，建构主义相关理论是理解巴以、阿以冲突的有效途径。从建构主义本身而论，内部分类繁杂，这里笔者主要借助温特的建构主义来论述。温特的建构主义理论主要借鉴了社会学的一些理念，旨在提出一种更好地理解这个世界中各行为体互动的途径，改变人们在传统国际理论中形成的某些固化观点，是一种反对传统直觉判断的理论。[①] 简要地讲，它认为国际关系最主要的是历史性和社会性的建构，而不是人性和其他国际政治的特点所导致的必然结果。[②]

建构主义的核心理论基础主要体现在：建构主义反对物质主义的直觉判断和理性主义的先验性假设，明确提出了国际政治中的非物质性因素以及其对于身份和利益的建构作用，物质性因素在其看来只发挥局限性作用。建构主义认为国际社会不仅仅是物质力量的建构，社

① Ronen Palan. A World of Their Making: An Evaluation of the Constructivist Critique in International Relations [J]. Review of International Studies, 2000, 26 (4): 7-14.

② Patrick Thaddeus Jackson and Daniel H. Nexon. Whence Causal Mechanisms? A Comment on Legro [J]. Dialogue IO, 2002 (1): 7-44.

会性因素的建构才是它最根本的属性。即强调观念和结构的建构作用，比如讨论国家的身份和利益是如何确立的，而不是预先给定的，这也是其与理性主义在根本上的不同。同时，建构主义并没有否认物质力量的客观存在和作用，而是否认单一的物质性解释逻辑，强调行为体的共有观念是影响行为的根本因素。客观物质因素固然重要，但必须通过非物质媒介才会产生实质作用。也就是说，国际政治中的物质力量具有何种作用取决于行为体处于观念构建下的何种关系中，就好比核弹对于敌人和朋友的心理感受是不同的。

温特的建构主义界定了一个重要的概念，即观念及其作用。主流的国际关系理论，尤其是在国际政治现实层面最具有话语权的权力政治说的支持者们认为，"权力的分配"是影响国家预判和对外行为的最重要因素，国际体系中的物质结构是国家行为的决定力量，因此权力是国际关系之中最核心的问题。[①] 但建构主义则认为"权力的分配"如何影响国家的预判和行为是基于行为体之间的认识与期望，即"观念的分配"，它建构了各个行为体对自己和他人的认知。例如，美国占据绝对优势的军力对于加拿大和古巴而言会产生截然不同的意义。对于美国而言，英国和苏联拥有强大军力的意义也截然不同。[②] 可见观念建构了国家之间的不同关系，随之物质因素会呈现出不同的结果。因此，观念不仅是物质因素发挥作用的决定条件，更是国际关系中的最核心因素。国际关系中的建构主义首先是探寻观念对于表面的物质因素有多大的影响力。[③] 与此同时，观念在国家间交往中逐渐形成，进而也会建构出相应的文化（社会共有知识）。例如无政府状态就是这样一种文

① Michael C. Williams. Why ideas Matter in International Relations: Hans Morgenthau, Classical Realism, and the Moral Construction of Power Politics [J]. International Organization, 2004, 58 (4): 7-14.

② Alexander Wendt. Anarchy is what State Make of it: The Social Construction of Power Politics [J]. International Organization, 1992, 46 (2): 397-401.

③ Steve Smith. Wendt's World [J]. Review of International Studies, 2000, 26 (1): 154-161.

化，其在国际政治现实中也包含多重内涵：霍布斯无政府文化，国家间处于敌视残杀的状态，其目的是彼此的摧毁与吞并；洛克无政府文化，国家间承认相互生存的权利，彼此作为竞争者会使用暴力作为实现利益的手段，但其目的不是吞并，主要是维持各国的现状；康德无政府文化，国家间强调互助与和平。[①]

建构主义还认为观念因素建构了国家在国际社会中的身份角色，体现了个体之间的关系模式，是行为体区别敌人与朋友、评估自己所处地位等问题的决定因素。在行为体身份确立之后，便建构了自身体利益的范畴，所追求的自身利益会相对符合合作关系中行为体的利益，反之则与敌对关系中行为体的利益相悖。这是一个“观念→建构身份→建构利益→（权力作用）行为→建构观念”的过程。在这个过程中，作为一种客观条件而非决定性因素，物质性力量将观念建构的身份、利益转化为国际政治现实互动。

结合建构主义的理论基础和主要内容，我们可以在这一视角下深入理解利库德集团对阿拉伯人的认知和观念，以及由此而引发的对外决策。

利库德集团对阿拉伯人和阿以冲突有着自己独有的观念，而这类观念的建构也有着清晰的发展历程：①观念形成期。20 世纪 20 年代，犹太复国主义运动的受阻，使修正主义者们急于寻找其他可行的建国途径。阿拉伯人与涌入的犹太人冲突加剧，大国对于犹太人家园问题的举棋不定，都使得修正主义者们脱离主流的犹太复国主义运动，坚信必须通过军事斗争和打击才能获取犹太家园。②观念成熟期。以色列建国至利库德集团第一次执政之间，阿拉伯国家和以色列之间充满了大大小小的战争。相对于工党倡导的实用性政策，利库德集团最后

① ［美］亚历山大·温特. 国际政治的社会理论［M］. 上海人民出版社，2008.

总结出的是战争所给予犹太人的经验，即阿拉伯人与犹太人是永远无法调和的敌人，只有战胜阿拉伯国家才能保证犹太人的家园。这一阶段，也是以色列右翼势力的上升期，最后利库德集团成功走向执政，表明了霍布斯文化下利库德集团所强调的敌对观念和军事斗争思想得到了民众的普遍认可。③观念调整期。利库德集团执政后至今，虽然有着强烈的修正主义传统，但是在不断变化的地区、国际形势下，其观念也有了部分调整。从具有历史性的第一步（埃以和平），到反复的巴以冲突，直至不断停滞的和平进程，利库德集团除了对阿拉伯人暴力袭击和恐怖活动的越发敌视外，还不得不走入和平进程以配合国内和国际社会的要求。

从以上阶段看，我们可以发现利库德集团成员对巴勒斯坦人和阿拉伯人长期形成的认知与观念是在阿以冲突中逐渐确立和深化的，其主要体现在：

（1）利库德集团作为修正主义的继承者，也可以看作是犹太复国主义运动中的激进派长期与阿拉伯人、外部势力斗争斡旋的产物，其自然仇恨阿拉伯人，对大国势力依靠但不完全信任，对军事斗争形式最为重视。

（2）长期的战争对于中左翼力量而言可能是维护以色列安全和存在的必然行为，但对于右翼势力来说则更多的是深化其传统、建构其观念的现实互动行为。阿以之间在中东地区对于和平的理解甚少，彼此都想要迫使对方在战争前妥协或者在战争后退让，战争成为实现彼此愿望的直接手段。原本就强调阿以矛盾和军事斗争必要性的利库德集团，在这样的现实下不仅有充分的理由排挤温和势力，也更对其修正主义思想深信不疑，最终结果是现实主义的工党往往败给了意识形态色彩浓厚的利库德集团。这一过程中，以色列民众对于阿拉伯人的观念构建受到了战争和暴力袭击的影响，所以他们转而支持利库德集团所推崇的强硬路线和军事斗争方式，正因如此以色列右翼势力才得以壮大，强硬政策也有了舆论支持。

（3）在阿以通过战争互动所建立起来的结构里，实际上军事力量对于彼此的威慑远远小于两个民族之间的仇恨，这种观念性因素引导着阿以最终成为两个死敌。特别在利库德集团执政时期，这种敌对认知在具体的实践过程中又不断加深了敌对关系的建构。利库德集团在执政中不惜代价所坚持的一些政策是这种观念和结构互动的体现。在领土和安全问题上，利库德集团坚持“大以色列”信仰，对于祖先之地绝无谈判可能。同时，由于敌对观念的建构和类似于零和模式的结构，利库德集团又要争取更多的安全保障，因此才采用军事手段主动打击外部力量（如黎巴嫩战争），或是占领军事要地（如戈兰高地）。在和谈问题上，利库德集团拒绝“土地换和平”。在定居点问题上，利库德集团大力推进定居点建设，目的在于使得“以色列地”彻底掌控在犹太人手中，以此对抗试图摧毁以色列的敌人。

综上所述，长期的战争和冲突使阿以双方都形成了敌对的观念和认知，这种观念和认知与利库德集团所坚持的修正主义传统在很大程度上是一致的。霍布斯文化下的敌对结构也促成了利库德集团的形成和执政，利库德集团往往借助中东地区不断激化的巴以冲突和地区乱局宣扬其执政方针，强调犹太人和阿拉伯人之间的仇恨，从而赢得民众对其外交立场的认同。与此同时，在敌对观念的认知下，利库德集团对巴勒斯坦民众的态度、对巴以冲突的悲观和对“以色列地”的执着，都必然使得巴以和谈出现停滞。我们据此可以推测，利库德集团对巴认知和对和谈态度难以扭转，中东和平进程因此会受到阻碍，这与美国在中东地区的战略利益往往存在冲突，以美关系最终受损。

结合以上内容，从表 7–4 我们可以得出，除了沙龙在任阶段，利库德集团或其领导人执政时期对和平进程整体上阻碍大于推进，政策

表 7-4 利库德集团政府时期（包含总理直选时期）中东和平进程与以美关系

	1977~1984 年	1986~1992 年	1996~1999 年	2001~2005 年	2009 年至今
以主要政策	①西岸、加沙不容谈判 ②扩大定居点建设 ③打击巴解组织、不讨论“巴勒斯坦国”主权问题	①加速定居点建设活动 ②暴力镇压巴勒斯坦人起义 ③消极对待和平进程	①重启定居点建设 ②反对巴勒斯坦建国、消极对待和谈 ③拒绝贯彻已达成的和平协议 ④拖延新协议的执行	①初期反对巴以谈判 ②打击巴勒斯坦激进组织 ③中后期为求和平采取“单边撤离”计划	①绝不停止定居点建设 ②消极对待巴以和谈 ③坚决反对伊朗核计划
美相关政策及战略	①解决阿以冲突 ②维持地区稳定 ③以色列和沙特成为新“支柱”	①初期里根主义凸显，和平进程无果 ②老布什拉拢阿拉伯国家，全力推进和平进程	①确保已达成和平协议的实施 ②全力推进和平进程发展	①全力反恐 ②积极推进中东和平进程 ③维护以色列的核心利益	①缓解穆斯林反美情绪，推进和谈 ②在制裁的同时，重视谈判途径解决伊朗核问题
和平进程状态	实现埃以和平、巴以冲突加剧	未取得显著成果	从良好态势中迅速陷入僵局	未恶化	停滞
以美关系	虽有摩擦但大幅发展	①初期达到合作顶峰 ②中后期严重恶化	受损	稳步发展	跌至低点

也基本一致。而美国在历史上绝大多数时期都将中东和平进程视作其中东战略的重要组成。以色列在冷战时期具有绝对战略价值的状况下，美国曾对其政策表现出了一定程度的默许。但冷战结束后，利库德集团对和平进程的破坏始终让美国难以再做出重大让步，以美关系在利库德集团或其领导人执政时期便相应地迅速下滑。

四、以美关系发展的核心在于美国利益，在美大选前可能持续走低

冷战中利库德集团执政时期以美关系的巨大飞跃与特殊的历史背景密切相连，但冷战后利库德集团对以美关系显然未起到足够的促进作用。根据以上的三点结论，利库德集团在当下中东乱局中再次执政的可能性较大，其也会继续坚持其一贯作风，消极对待和平进程，并坚决打击敌对力量。但美国当下依赖中东地区的稳定推进其“再平衡”战略，因此如果内塔尼亚胡持续执政，巴以和谈上以美立场的分歧必

然还将继续，以美关系因此也很难回暖。必须看到的是，以美关系发展的核心在于美国利益，两者相互依赖的不对称性极为明显，这是由于美国依靠以色列寻求的是战略利益，而以色列依靠美国寻求的则是最根本的生存和安全。在此前提下，美国仅根据自身情况而做出重大的战略调整往往会直接转变以美关系的主基调。相比之下，以色列则一般只能在维系以美关系的前提下而尽量保证自身利益。当下美国改变外交立场的可能性极小，它仍将会尽量稳定中东各政治力量的对比态势，迫使以色列对中东乱局和伊朗核危机保持冷静。

与此同时，在利库德集团执政的背景下，“伊斯兰国”极端恐怖组织不仅激化了犹太人的宗教仇恨，还有可能产生新的阿犹冲突。原本停滞的中东和平进程在中东乱局中显得更加难以控制。在此基础上，伊朗核危机对于以色列的安全威胁进一步被放大。究其根本，是因为“安全”对于国家行为体而言往往呈现出“主观性”的判断。这种对“安全”的“主观性”判断实际上可以视作是一种“主观性均势”的战略认知。以色列对于“均势”的理解具有自利性，因而在国家安全和对外战略的期望与实践上，与美国中东战略有所差异，最终引发双方矛盾。

在这里，我们主要依据马丁·怀特的“主观均势”思想对以美间在这一角度上的冲突进行分析。马丁·怀特曾对“均势”定义了九种内涵，做出了全面的概述。[①] 其中第五点“我方应具有扭转权力若未平均分配所带来的危机的力量”。这是一条自传统现实主义沿袭下来的观点，对于国家利益最大化的追求使得各个行为体寻求国际体系中的优势地位。个体的目的往往是寻求权力优势而不是权力相等，只有这样

① Wight M.. The Balance of Power, in H. Butterfield and Wight, Diplomatic Investigations [M]. Cambridge: Harvard University Press, 1968.

才能保证国家安全，也就是说“主观上的均势”才是真正的均势。[1]这里笔者是明确提出了“实际均势”和“理想均势”的不同，到底我们应该追求哪一种是值得思考的。所以也有学者认为均势只是一种理想状态，提出均势概念的唯一意义在于表明现实政治中不存在均势神话。[2]

虽然冷战结束后，大国间的直接对抗在全球化浪潮中减弱，传统思想下的均势理论受到了诸多质疑，更有学者认为均势理论已经终结。但在短暂的繁荣与和平之后，我们今天面对的是国际冲突的频发、地区与国际格局调整转变速度加快、大国博弈过程中冲突烈度加大等现实问题。因此，笔者认为在分析国际或者地区博弈过程中，传统现实主义的表象体现得相对更多。马丁·怀特的九点解释，不仅为我们全面概括了均势，更重要的是展示出了一个现实的过程：国家寻求均势→实际均势和理想均势出现差异→追求主观性均势。

依照这个逻辑，对于以色列而言，实际上是需要自身所“认可”的均势以求维护国家安全和战略利益。但以美关系发展的核心在于美国利益，因而双边关系中美国所追求的中东利益必然会优先于以色列所追求的“均势”。

具体看，以色列需要的是绝对的“优势”。以色列在利库德执政期间，其主观性均势的对外实践比较突出。借助美国对以色列的战略需求，利库德执政期间将以美关系推向了新的阶段，以色列成为了美国对抗苏联的重要杠杆，更重要的是其大幅度发展相对于阿拉伯国家更为强大的军事力量。直至当下，利库德集团一直追求的都是绝对的安全，追求的是在阿以冲突中具有绝对的优势而非静态的均势。利库德

① Pollard A. F.. The Balance of Power [J]. Journal of British Institute of International Affairs, 1923, 2 (2): 59-61.

② 何曜，任晓. 均势理论反思——兼论国际政治研究方法论 [J]. 美国研究，1997, 2 (2): 59-61.

集团采取主观性均势行为具体表现在定居点建设活动（扩大实际控制范围，不可能与巴勒斯坦人共同在西岸地区“平等生存”）、不断扩充其军力（大规模发展先进武器、扩充军备，但在其执政期间却强烈反对美国对其他阿拉伯国家进行军售）、先发制人的军事思想（对于威胁极度敏感，炸毁伊拉克核装置、发动黎巴嫩战争，直至当下对伊朗核计划的强硬态度）。

利库德集团在极度担忧阿拉伯国家军力增长，认为中东的军事均衡即将被打破之时，却从未提及自身军力和核技术对阿拉伯国家的威慑。在利库德看来，只有以色列拥有核武器，才能保证它与敌对国家之间的“平衡”，才能保证国家的绝对安全。这种逻辑是一种利库德集团特殊意识形态塑造下的均衡观念。

然而，美国当下需要的是中东的稳定和阿拉伯国家敌对情绪的降温。从以美关系史看，以色列无论是谁执政，都难以改变以美关系发展的大趋势，只有美国中东战略能够很好地包容以色列的对外战略时，以美关系才能形成良好的主基调。历史上美国曾经尽力帮助以色列在战争中占据优势，在停火期保证其威慑力，更多情况下是在施压阿拉伯国家。但很显然随着冷战格局的结束，美国自老布什时期开始努力拉拢温和阿拉伯国家，尝试“改变”激进阿拉伯国家，美国的中东战略与以色列的对外战略之间包容性开始大幅下降。当下，中东乱局一时难以平息，美国为了保证其“再平衡”战略的优先地位而不得不在一定程度上从中东脱身，减少在这一地区所面临的敌对情绪。奥巴马上台后，中东战略的核心是改善同阿拉伯国家的关系，因而无法再全力倾向于以色列，难以一味力保以色列持续占据绝对的外交和军事优势地位。为了顺应中东变局的大趋势，美国不断调整对中东新旧政权的态度，尽量使美国不再与阿拉伯国家发生直接冲突，在热点问题上开始施压以色列做出让步。在美国看来，它需要确保自身不偏不倚的

外交形象。

利库德集团在追求“主观性均势”的过程中与美国中东战略必然产生摩擦与矛盾。美国很显然认为以色列已具有了强大的自卫力量，在中东只要防止过于强大的力量出现，便不会对以色列的安全造成直接的威胁，如图 7–2 所示。

图 7–2 利库德集团对于“均势”的理解和以美矛盾

目前的中东局势对于以色列的国家安全极为不利，巴以和谈的紧迫性对于以色列已经下降，伊朗核问题与阿拉伯国家新政权对以色列造成了巨大的安全挑战，内塔尼亚胡对此一直坚持强硬的外交立场。然而，奥巴马政府对内塔尼亚胡政府的抨击自上任以来就未停息，其一再强调巴以和谈与和平手段解决伊朗核问题的必要性。内塔尼亚胡则将伊朗核问题视作最大的生存威胁，在这个问题上绝不认同奥巴马所支持的解决途径。2015 年 3 月内塔尼亚胡绕过“白宫”访问美国，将以美当前政府之间的对立公开化，说明以美关系围绕伊朗核问题在这一阶段跌至了低点。

必须承认的是，以美关系虽然可能会持续走低，但绝不会产生实质逆转。从结构的角度看，以美关系是在结构性合作和结构性矛盾中发展前进的。双方的结构性矛盾本书已经详述，简要地讲是美国所需的中东战略根植于全球战略，但以色列的生存安全仅着眼于中东地区，那么以美则必然会在双方中东利益不完全契合的情况下产生矛盾。与此同时，结构性合作或才是以美关系的最根本内容。双方长期以来所建构的观念已经确立，即美国是以色列生存最重要的保障力量，以色列是美国在中东地区最可信赖的稳定盟友。在这种结构中，双方的合作是美国坚决保障以色列的安全，以色列则辅助美国渗透并影响中东局势。以美关系的发展必然受到这种结构的限制，即美国无论如何改变其政策，以色列的生存和安全是必须得到保障的，而以色列对于其生存和安全的追求也绝不能动摇美国中东战略和全球战略的部署。

附 录

表 1 1951~2008 年美对以援助数额统计[①]

单位：百万美元

年份	经济援助	军事援助	援助总量	占以色列 GDP（%）
1951	0.71		0.71	0.01
1952	590.91		590.91	7.62
1953	494.28		494.28	6.47
1954	495.95		495.95	5.44
1955	346.88		346.88	3.34
1956	325.8		325.8	2.88
1957	252.78		252.78	2.05
1958	367.14		367.14	2.78
1959	294.73	2.36	297.1	1.99
1960	322.16	2.92	325.08	2.05
1961	276.77	0.01	276.77	1.57
1962	402.27	75.11	477.38	2.47
1963	356.27	74.74	431.01	2.01
1964	205.47		205.47	0.88
1965	266.41	70.42	336.84	1.32
1966	196.69	481.05	677.74	2.64
1967	31.58	36.25	67.83	0.25
1968	259.02	125.01	384.03	1.27
1969	175.5	406.46	581.96	1.70
1970	186.36	136.03	322.38	0.87
1971	240.97	2353.6	2594.58	6.35

① Robert O. Freedman. Israel and The United States：Six Decades of Us-Israeli Relations［M］. Boulder：Westview Press，2012.

续表

年份	经济援助	军事援助	援助总量	占以色列 GDP（%）
1972	429.7	1237.15	1666.85	3.63
1973	433.68	1184.92	1618.6	3.36
1974	189.72	9145.64	9335.35	18.41
1975	1178.22	1001.03	2179.25	4.13
1976	2223.39	4668.36	6891.75	12.88
1977	2148.35	2895.35	5043.69	9.24
1978	2147.92	2712.7	4860.62	8.55
1979	1983.5	10041.79	12025.29	20.21
1980	1814.05	2308.1	4122.15	6.69
1981	1606.1	2943.12	4549.23	7.05
1982	1585.86	2754.6	4340.46	6.63
1983	1479.24	3203.44	4682.68	6.97
1984	1653.76	3089.44	4743.2	6.91
1985	3432.4	2464.23	5896.63	8.22
1986	3265.51	2963.11	6228.63	8.39
1987	2011.65	3017.48	5029.13	6.38
1988	1950.3	2925.45	4875.75	5.97
1989	1877.36	2816.03	4693.39	5.67
1990	1802.33	2815.12	4617.46	5.23
1991	2689.63	2679.77	5369.4	5.73
1992	1708.92	2619.4	4328.32	4.31
1993	1664.09	3241.18	4905.26	4.71
1994	1629.07	2672.64	4301.7	3.86
1995	1598.81	2506.29	4105.1	3.32
1996	1735.02	2390.66	4125.68	3.07
1997	1756.54	2312.33	4068.87	2.95
1998	1621.47	2282.2	3903.66	2.71
1999	1437.91	2352.44	3790.35	2.55
2000	1242.63	3482.9	4735.53	2.92
2001	1018.27	2381.51	3399.78	2.09
2002	853.73	2421.54	3275.27	2.03
2003	737.08	3556.65	4293.73	2.62
2004	625.04	2430.43	3055.48	1.78
2005	524.34	2426.57	2950.91	1.63
2006	300.57	2374.84	2675.41	1.40
2007	172.03	2395.74	2567.77	1.28
2008	44.11	2380.56	2424.67	1.16

参考文献

一、中文参考文献

［1］刘精忠. 宗教与犹太复国主义［M］. 北京：中国社会科学出版社，2010.

［2］［英］诺亚·卢卡斯. 以色列现代史［M］. 杜先菊等译. 北京：商务印书馆，1997.

［3］［美］沃尔特·拉克. 犹太复国主义史［M］. 徐方等译. 上海：三联书店上海分店，1992.

［4］肖宪. 中东国家通史·以色列卷［M］. 北京：商务印书馆，2000.

［5］［英］阿伦·布雷格曼. 以色列史［M］. 上海：东方出版中心，2009.

［6］杨曼苏. 今日以色列［M］. 北京：中国工人出版社，2007.

［7］雷钰，黄民兴等. 列国志——以色列［M］. 北京：社会科学文献出版社，2011.

［8］高祖贵. 冷战后美国的中东政策［M］. 北京：中共中央党校出版社，2001.

［9］李伟健. 以色列与美国关系研究［M］. 北京：时事出版社，2006.

［10］赵伟明. 中东问题与美国中东政策［M］. 北京：时事出版社，2006.

［11］李洁宇. 论以美特殊关系的根源——以色列总理决策的“理性”成因［M］. 上海：上海交通大学出版社，2012.

［12］王新刚，王立红. 中东和平进程［M］. 北京：时事出版社，2012.

［13］殷罡. 阿以冲突——问题与出路［M］. 北京：国际文化出版公司，2002.

［14］徐向群，宫少朋. 中东和谈史——1913-1995 年［M］. 北京：中国社会科学出版社，1998.

［15］陈建民. 当代中东［M］. 北京：北京大学出版社，2002.

［16］张士智，赵慧杰. 美国中东关系史［M］. 北京：中国社会科学出版社，1993.

［17］李兴刚. 阿以冲突中的犹太人定居点问题研究［M］. 云南：云南大学出版社，2011.

［18］朱小莉. 国际战略视野中的中东［M］. 北京：世界知识出版社，2010.

［19］王京烈. 面向二十一世纪的中东［M］. 北京：社会科学文献出版社，1999.

［20］赵国忠. 海湾战争后的中东格局［M］. 北京：中国社会科学出版社，1995.

［21］邓红英. 困境与出路——中东地区安全问题研究［M］. 武汉：湖北人民出版社，2011.

［22］张宏等. 当代阿拉伯问题研究［M］. 北京：人民出版社，2006.

［23］徐向群，余崇健. 第三圣殿：以色列的崛起［M］. 上海：上

海远东出版社，1994.

［24］傅有德. 犹太研究（第 6 辑）［M］. 济南：山东大学出版社，2008.

［25］刘月琴. 冷战后海湾地区国际关系［M］. 北京：社会科学文献出版社，2002.

［26］潘锐. 冷战后的美国外交政策——从老布什到小布什［M］. 北京：时事出版社，2004.

［27］潘光，余建华，王健. 犹太民族的复兴之路［M］. 上海：上海社会科学院出版社，1998.

［28］刘军. 美国犹太人：从边缘到主流的少数族群［M］. 云南：云南大学出版社，2009.

［29］汪波. 美国中东战略下的伊拉克战争与重建［M］. 北京：时事出版社，2007.

［30］左文华，肖宪. 当代中东国际关系［M］. 北京：中国社会科学出版社，1999.

［31］方连庆. 战后国际关系史（1945-1995）［M］. 北京：北京大学出版社，1999.

［32］方连庆，王炳元，刘金质等. 国际关系史（现代卷）［M］. 北京：北京大学出版社，2001.

［33］刘德斌. 国际关系史［M］. 北京：高等教育出版社，2003.

［34］陈岳. 国际政治学概论［M］. 北京：中国人民大学出版社，2008.

［35］中共中央马克思恩格斯列宁斯大林著作编译局. 马克思恩格斯选集（第一卷）［M］. 上海：人民出版社，1972.

［36］王长江. 政党论［M］. 上海：人民出版社，2009.

［37］肖前. 马克思主义哲学原理［M］. 北京：中国人民大学出版

社，1994.

[38] 周敏凯. 国际政治学新论 [M]. 上海：复旦大学出版社，2004.

[39] [美] 约翰·J.米尔斯海默，斯蒂芬·M.沃尔特. 以色列游说集团与美国对外政策 [M]. 上海：上海人民出版社，2009.

[40] 余建华. 试评犹太复国主义及其运动 [J]. 同济大学学报（人文社会科学版），1996，7（1）.

[41] 王铁铮. 犹太复国主义与以阿关系 [J]. 西北大学学报（哲学社会科学版），2006，36（1）.

[42] 何伙旺. 政治与文化：犹太复国主义运动内部之辩 [J]. 南京政治学院学报，2011（3）.

[43] 高博. 以色列的两大政治集团 [J]. 国际研究参考，1992（2）.

[44] 王京烈. 美国中东政策的演变与发展 [J]. 西亚非洲，1993（4）.

[45] 仲冬. 贝京的窘境：大选前的以色列 [J]. 世界知识，1981（11）.

[46] 钱立伟. 以色列新总理拉宾与沙米尔的政策分野 [J]. 现代国际关系，1992（5）.

[47] 张新利，翟晓敏. 20 世纪 70 年代美国对波斯湾的“双柱”政策 [J]. 世界历史，2001（4）.

[48] 杨尚武. 中东恐怖主义产生的原因 [J]. 阿拉伯世界，2003（4）.

[49] 张家栋. 中东恐怖主义和国际反恐合作现状 [J]. 阿拉伯世界研究，2008（6）.

[50] 吴磊，王勇辉. 哈马斯与中东和平进程 [J]. 现代国际关系，2002（3）.

［51］储永正. 美国对以色列军援政策的变化及其成因［J］. 西亚非洲，2011（9）.

［52］刘军，张雪鹏. 美国对以色列援助初探［J］. 西亚非洲，2007（4）.

［53］郭树永. 利益集团与美国外交［J］. 世界经济研究，1997（5）.

［54］金彩红. 美国犹太人对美外交政策的影响［J］. 社会科学，2003（8）.

［55］刘婧华. 论中东和平与以色列工党和利库德集团在阿以冲突问题上的矛盾［J］. 西亚非洲，1987（5）.

［56］贺鉴. 冷战后美国中东政策［J］. 阿拉伯世界，2002（2）.

［57］达洲. 布什政府调整美国对以色列的政策［J］. 西亚非洲，1991（2）.

［58］王昌义，吴珉珉. 对中东和平进程的回顾与思考［J］. 外交学院学报，2003（3）.

［59］余建华. 1997：中东和平进程面临严重危机［J］. 西亚非洲，1998（1）.

［60］王昌滨. 中东和平进程处于危险边缘——浅析内塔尼亚胡政府的外交方针［J］. 国际社会与经济，1996（12）.

［61］陈佩明. 90 年代阿以冲突前景和中东形势展望［J］. 西亚非洲，1992（1）.

［62］陈双庆，廖百智. 中东和平进程面面观［J］. 现代国际关系，1998（3）.

［63］杨鸿玺. 人称铁血恺撒的以色列总理沙龙［J］. 国际资料信息，2006（1）.

［64］王克勤. 以色列侵略扩张的急先锋——沙龙［J］. 世界知识，1982（17）.

[65] 王铁铮. 从犹太复国主义到后犹太复国主义 [J]. 世界历史，2012（2）.

[66] 蔡丹. 论十月战争与美国和以色列特殊关系的转折 [J]. 西亚非洲，1987（2）.

[67] 王宇. 论以色列阿拉伯人的政治参与 [J]. 阿拉伯世界研究，2010（2）.

[68] 王勇辉. 解读小布什时期美国大战略中的中东政策 [J]. 阿拉伯世界研究，2008（4）.

[69] 安惠侯. 和平之路在何方——评中东和平“路线图”[J]. 国际问题研究，2003（5）.

[70] 孙德刚. 中东和平“路线图”浅析 [J]. 西亚非洲，2004（1）.

[71] 孙德刚. 浅析约翰逊政府时期美以特殊关系的基础 [J]. 世界民族，2003（6）.

[72] 黄鹏，张熠. 浅析沙龙的单边撤离计划 [J]. 阿拉伯世界，2005（4）.

[73] 赵国忠. 评以色列总理沙龙的“单边行动计划”[J]. 和平与发展，2004（3）.

[74] 余国庆. 后沙龙时代以色列政局及对以巴关系的影响 [J]. 西亚非洲，2006（2）.

[75] 余国庆. 以色列的安全环境：变化与挑战 [J]. 西亚非洲，2013（6）.

[76] 王京烈. 哈马斯的崛起与巴以冲突形势分析 [J]. 亚非纵横，2006（2）.

[77] 李志芬. 哈马斯政策的变化及对巴勒斯坦政局的影响 [J]. 西亚非洲，2008（2）.

[78] 陈天社. 伊朗与哈马斯关系探析 [J]. 西亚非洲，2013（3）.

[79] 陈天社. 论以色列对哈马斯的政策及其影响 [J]. 西亚非洲，2014 (2).

[80] 陈双庆. 以色列政治生态右倾与中东局势 [J]. 现代国际关系，2009 (3).

[81] 李庆四. 美国国会中的外来游说 [J]. 美国研究，2007 (3).

[82] 赵建明. 以色列内塔尼亚胡政府外交新动向 [J]. 现代国际关系，2009 (11).

[83] 龚正. 巴以和谈又要“停摆”? [J]. 世界知识，2014 (10).

[84] 王震. 奥巴马第二任期外交：从中东开局 [J]. 世界知识，2013 (8).

[85] 丁隆. 以色列：继续“向右转” [J]. 世界知识，2013 (3).

[86] 陈双庆. 以色列大选及新政府面临的挑战 [J]. 国际研究参考，2013 (3).

[87] 陈双庆. 美国犹太人对美中东政策的影响 [J]. 现代国际关系，2002 (6).

[88] 岳汉景. 伊朗核问题的本质探析 [J]. 西亚非洲，2006 (6).

[89] 沈雅梅. 美国对伊朗政策调整的动因及其空间 [J]. 现代国际关系，2013 (6).

[90] 田文林. 美国与伊朗关系缓和：神话还是现实? [J]. 国际研究参考，2013 (10).

[91] 田文林. 伊朗核谈判困境下的美伊博弈 [J]. 当代世界，2015 (1).

[92] 汪舒明. 大屠杀记忆、以色列战略文化与伊朗核危机 [J]. 外交评论，2013 (2).

[93] 汪舒明. 试析犹太人在美国政治影响力提升的策略 [J]. 世界历史，2010 (6).

［94］章迪禹，周琪，高祖贵. 美国对以色列何以偏袒至此［J］. 世界知识，2011（22）.

［95］李伟健. 对当前中东局势演变的若干思考［J］. 西亚非洲，2011（6）.

［96］安惠侯. 国际格局变化中的中东局势［J］. 阿拉伯世界研究，2009（6）.

［97］赵葆珉. 国际格局变化与奥巴马新政下的美国中东政策［J］. 阿拉伯世界研究，2009（2）.

［98］田文林. 美国的中东战略及其历史命运［J］. 现代国际关系，2006（8）.

［99］王勇辉. 解读小布什时期美国大战略中的中东政策［J］. 阿拉伯世界研究，2006（4）.

［100］李美玲. 政党意识形态观的理论研究［J］. 社会科学家，2008（10）.

［101］刘红凛. 论政党意识形态［J］. 山东师范大学学报（人文社会科学版），2007，52（5）.

［102］王健. 伊拉克战争后的中东局势与美国全球战略走向［J］. 世界经济研究，2003（8）.

［103］叶青. 试论海湾战争后美国中东政策的演变［J］. 阿拉伯世界，1999（1）.

［104］万光. 克林顿上台后的美以关系［J］. 西亚非洲，1993（4）.

［105］万光. 八十年代中东局势的转折性变化和今后展望［J］. 西亚非洲，1990（4）.

［106］刑贲思. 意识形态论［J］. 中国社会科学，1992（1）.

［107］余科杰. 论政党意识形态结构特征及其功能作用［J］. 新视野，2007（5）.

［108］杨鸿玺. 奥巴马政府的战略变革与中东局势发展［J］. 西亚非洲，2009（11）.

［109］杨军. 工党和利库德集团对 1991 年以来中东和平问题的政策分歧［J］. 同济大学学报（社会科学版），1998，9（4）.

［110］张秀琴. 政治意识形态的理论、制度与实践［J］. 北京大学学报（哲学社会科学版），2007，44（4）.

［111］张熠. 从第三次中东战争看美国中东政策的调整［J］. 阿拉伯世界，2004（5）.

［112］内塔尼亚胡成了“西方的萨达姆”［J］. 当代世界，1998（1）.

［113］刘中民. 中国中东外交三十年（上）［J］. 宁夏社会科学，2008（9）.

［114］刘中民. 中东变局与中国外交的几个基本问题［J］. 国际观察，2012（1）.

［115］李伟健. 中东政治转型及中国中东外交［J］. 西亚非洲，2012（4）.

［116］周意岷. 阿拉伯之春后，中国中东政策的调整［J］. 新远见，2012（9）.

［117］吴冰冰. 对中国中东战略的初步思考［J］. 外交评论，2012（2）.

［118］王京烈. 共建“丝绸之路经济带”的机遇及中国中东战略［J］. 阿拉伯世界研究，2014（3）.

［119］华黎明. 伊朗核问题与中国中东外交［J］. 阿拉伯世界研究，2014（6）.

［120］姚匡乙. 中东剧变与中国中东政策［J］. 阿拉伯世界研究，2012（4）.

[121] 苑垠，东文. 贝京——中东风云中的反角 [J]. 世界知识，1980（23）.

[122] 郗文. 贝京其人 [J]. 西亚非洲，1982（4）.

[123] 蔡丹. 沙米尔对外政策会有多大变化？[J]. 世界知识，1986（21）.

[124] 李伟健. 沙米尔下台和巴以会谈 [J]. 国际展望，1990（7）.

[125] 徐向群. 内塔尼亚胡执政一年 [J]. 亚非纵横，1997，3（28）.

[126] 余国庆. 沙龙上台后的中东和谈走势 [J]. 当代世界，2001（5）.

[127] 张红. 巴以和谈曙光再现 [EB/OL]. 2013，5（11）. http：//paper.people.com.cn/rmrbhwb/html/2013-05/11/content_1238229.htm？div=-1.

[128] 张明宇. 巴以和谈为何难有结果 [EB/OL]. 2014，4（23）. http：//news.xinhuanet.com/world/2014-04/23/c_1110379741.htm.

[129] 杨婷. 联合国敦促各方推动巴以和谈 [EB/OL]. 2015，2（11）. http：//news.xinhuanet.com/2015-02/11/c_1114326415.htm.

[130] 乌元春.以色列称或自行解决伊朗核问题，将向美下“最后通牒”[EB/OL]. 2012，3（4）. http：//world.huanqiu.com/roll/2012-03/2493171.html.

[131] 赵衍龙.内塔尼亚胡称防止伊朗核武化系新政府当务之急 [EB/OL]. 2013，1（23）. http：//world.huanqiu.com/exclusive/2013-01/3573074.html.

[132] 丁玎. 评论：内塔尼亚胡赴美“拆台踢场”有权任性？[EB/OL]. 2015，3（9）. http：//www.chinanews.com/gj/2015/03-09/7112366.shtml.

二、英文参考文献

[1] Amir Ya'ari and Elias D. Zahavi. Israel: Social, Economic and Political Developments [M]. New York: Nova Science Publishers, 2012.

[2] Bob Woodward. Bush at War [M]. New York: Simon & Schuster, 2002.

[3] Howard M. Sachar. A History of Israel from The Rise Of Zionism to Our Time [M]. New York: Alfred A. Knopf, 2010.

[4] Eytan Gilboa and Efraim Inbar. US-Israeli Relations in [M]. New Era: Issues and Challenges after 9/11, London: Routledge, 2009.

[5] Colin Shindler. The Land Beyond Promise: Israel, Likud and the Zionist Dream [M]. London: I. B. Tauris Press, 2002.

[6] Colin Shindler. Israel, Likud and the Zionist Dream: Power, Politics and Ideology from Begin to Netanyahu [M]. London: I. B. Tauris Press, 1995.

[7] Colin Shindler. A History of Modern Israel [M]. Cambridge: Cambridge University Press, 2008.

[8] Elizabeth Stephens. US Policy Towards Israel: The Role of Political Culture in Defining the Special Relationship [M]. Portland: Sussex Academic Press, 2006.

[9] Galia Golan. Israel and Palestine: Peace Plan from Oslo to Disengagement, Princeton [M]. NJ: Markus Wiener Publishers, 2007.

[10] Karen L. Puschel. U.S.-Israel Strategic Cooperation in the Post-Cold War [M]. Era: American Perspective, Jerusalem: The Jerusalem Post, 1992.

[11] Moshe Arens. Broken Covenant: American Foreign Policy and

The Crisis Between The U.S. and Israel [M]. New York: Simon and Schuster, 1995.

[12] Herbert Druks. The Uncertain Alliance: The U.S. And Israel from Kennedy to the Peace Process [M]. London: Greenwood Press, 2001.

[13] Michael Curtis and Mordecai Chertoff. Israel: Social Structure and Change [M]. New Brunswick, N.J.: Transaction Books, 1973.

[14] Robert O. Freedman. Israel and the United States: Six Decades of US–Israeli Relations [M]. Boulder: Westview Press, 2012.

[15] Robert O. Freedman. Israel in the Begin Era [M]. New York: Praeger Publishers Inc., 1982.

[16] Ilan Peleg. Begin's Foreign Policy, 1977–1983: Israel's Move to Right [M]. New York: Greenwood Press, 1987.

[17] John E. Lang. Israeli–United States Relationship [M]. New York: Nova Science Publishers, Inc., 2006.

[18] Y. Shavit. Jabotinsky and the Revionist Movement, 1925–1948 [M]. London: Frank Cass, 1988.

[19] Christopher Sykes. Crossroads to Israel 1917–1948 [M]. Bloomington: Indiana University Press, 1973.

[20] H. Butterfield and M. Wight. Diplomatic Investigations [M]. Cambridge: Harvard University Press, 1968.

[21] Alan R. Taylor. Zionism and Jewish History [J]. Journal of Palestine Studies, 1972, 1 (2): 35–51.

[22] Arye Naor. Hawks' Beaks, Doves' Feathers: Likud Prime Ministers Between Ideology and Reality [J]. Israel Studies, 1972, 10 (3): 154–191.

[23] A. Ghanem, M. Mustafa. Coping with the Nakba: The Pales–

tinians in Israel and the "Future Vision" as a Collective Agenda[J]. Israel Studies, 2009, 24 (2): 52–66.

[24] Theodore Sasson. Mass Mobilization to Direct Engagement: American Jews'Changing Relationship to Israel [J]. Israel Studies, 2010, 15 (2): 173–195.

[25] Kenneth Brown. Iron and a King: The Likud and Oriental Jews [J]. MERIP Reports, 1983 (11): 3–13.

[26] Emanuel Gutmann. Begin's Israel: The End of an Era? [J]. International Journal, 1987, 38 (4): 690–699.

[27] Elfi Pallis. The Likud Party: a Primer [J]. Journal of Palestine Studies, 1992, 21 (2): 41–60.

[28] From the Israeli Press. A New Party in the Opposition [J]. Journal of Palestine Studies, 1976, 5 (1–2): 191–192.

[29] Christine Leuenberger, Izhak Schnell. The Politics of Maps: Constructing National Territories in Israel [J]. Social Studies of Science, 2010, 40 (6): 803–842.

[30] Jonathan Rynhold. Culture Shift and Foreign Policy Change: Israel and The Making of The Oslo Accords [J]. Cooperation and Conflict, 1985, 42 (4): 419–440.

[31] Don Peretz, Rebecca Kook, Gideon Doron. Knesset Election 2003: Why Likud Regained Its Political Domination and Labor Continued to Fade Out [J]. Middle East Journal, 2003, 57 (4): 588–603.

[32] Don Peretz. The Earthquake: Israel's Ninth Knesset Elections [J]. Middle East Journal, 1977, 31 (3): 251–253.

[33] Lilly Weissbrod. From Labour Zionism to New Zionism: Ideological Change in Israel [J]. Theory and Society, 1981, 10 (6): 777–803.

[34] Leo Kohn. Israel's Foreign Relations [J]. International Affairs, 1960, 36 (3): 330-341.

[35] Mark Tessler. The Political Right in Israel: Its Origins, Growth, and Prospects [J]. Journal of Palestine Studies, 1986, 15 (2): 12-55.

[36] Neta Oren. Israeli Identity Formation and the Arab-Israeli Conflict in Election Platforms, 1969-2006 [J]. Journal of Peace Research, 47 (2): 193-204.

[37] John Gerring. Ideology: A Definitional Analysis [J]. Political Research Quarterly, 1997, 50 (4): 958-959.

[38] Joseph Heller. Book Review: Jabotinsky and the Revisionist Movement 1925-1948 [J]. Middle Eastern Studies, 1993, 29 (2): 355-357.

[39] Susan Lee Hattis. Jabotinsky's Parity Plan for Palestine [J]. Middle Eastern Studies, 1977, 13 (1): 90-96.

[40] Roger Garaudy. Religious and Historical Pretexts of Zionism [J]. Journal of Palestine Studies, 1977, 6 (2): 41-52.

[41] Jan Zouplna. Revisionist Zionism: Image, Reality and the Quest for Historical Narrative [J]. Middle Eastern Studies, 2008, 44 (1): 3-27.

[42] Gulshan Dhanani. US-Israel Strategic Consensus [J]. Economic and Political Weekly, 1983, 18 (51): 21-56.

[43] Zeev Tzahor. The Struggle between the Revisionist Party and the Labor Movement: 1929-1933 [J]. Modern Judaism, 1988, 8 (1): 15-25.

[44] Shlomo Avineri. The Roots of Zionism [J]. The Wilson Quarterly, 1983, 7 (1): 46-61.

[45] Walter Laqueur. Zionism and its Liberal Critics, 1896–1948 [J]. Journal of Contemporary History, 1971 (6): 161–182.

[46] Thomas A. Dine. The Revolution in U.S.–Israel Relations [J]. Journal of Palestine Studies, 1986, 15 (4): 134–143.

[47] Mark Tessler. The Political Right in Israel: Its Origins, Growth, and Prospects [J]. Journal of Palestine Studies, 1986, 15 (2): 12–55.

[48] Elfi Pallis. The Likud Party: A Primer [J]. Journal of Palestine Studies, 1992, 21 (2): 41–60.

[49] Ze'ev B. Begin. The Likud Vision for Israel at Peace, Foreign Affairs, 1991, 70 (4): 21–35.

[50] Michal Shamir, Jacob Shamir. The Israeli–Palestinian Conflict in Israeli Elections [J]. International Political Science Review, 2007, 28 (4): 469–491.

[51] Stephen Zunes. The Strategic Functions of U.S. Aid to Israel [J]. Middle East Policy, 1996, 4 (4): 90–101.

[52] Robert J. Lieber. U.S.–Israel Relations Since 1948 [J]. Middle East Review of International Affairs, 1998, 2 (3). http: //www.biu.ac.il/SOC/besa/meria/journal/1998/issue3/lieber.pdf.

[53] Samuel W.Lewis. The United States and Israel: Evolution of an Unwritten Alliance [J]. Middle East Journal, 1999, 53 (3): 364–378.

[54] Kathleen Christison. 'All Those Old Issues' George W. Bush and The Palestinian –Israeli Conflict [J]. Journal of Palestine Studies, 2004, 33 (2): 36–50.

[55] Zaki Shalom. U.S. –Israel Relations: Approaching a Turning Point? [J]. Strategic Assessment, 2010, 13 (1): 21–35.

[56] Ronen Palan. A World of Their Making: An Evaluation of the Constructivist Critique in International Relations [J]. Review of International Studies, 2000, 26 (4): 575–598.

[57] Patrick Thaddeus Jackson and Daniel H. Nexon. Whence Causal Mechanisms? A Comment on Legro [J]. in Dialogue IO, 2002 (1).

[58] Michael C. Williams. Why ideas Matter in International Relations: Hans Morgenthau, Classical Realism, and the Moral Construction of Power Politics [J]. International Organization, 2004, 58 (4): 633–665.

[59] Alexander Wendt. Anarchy is what State Make of it: The Social Construction of Power Politics [J]. International Organization, 1992, 46 (2): 391–425.

[60] Steve Smith. Wendt's World [J]. Review of International Studies, 2000, 26 (1): 151–163.

[61] Pollard A. F.. The Balance of Power [J]. Journal of British Institute of International Affairs, 1923, 2 (2): 51–64.

[62] New York Times [N]. 1991–5–24.

[63] New York Times [N]. 2001–1–11.

[64] New York Times [N]. 2001–11–12.

[65] New York Times [N]. 2001–12–17.

[66] Jerusalem Post [N]. 2010–4–30.

[67] Washington Post [N]. 2010–11–15.

[68] Washington Post [N]. 2010–5–20.

[69] Washington Post [N]. 2015–3–3.

[70] Financial Times [N]. 1998–12–12.

[71] Financial Times [N]. 2001–3–20.

[72] Benjamin Netanyahu [EB/OL]. http: //www.jewishvirtuallibrary.

org/jsource/biography/netanyahu.html.

[73] Ariel Sharon [EB/OL]. http://www.jewishvirtuallibrary.org/jsource/biography/sharon.html.

[74] President Bush Calls for New Palestinian Leadership [EB/OL]. http://georgewbush-whitehouse.archives.gov/news/releases/2002/06/20020624-3.html.

[75] Military Threats to Israel: Iran [EB/OL]. http://www.jewishvirtuallibrary.org/jsource/Threats_to_Israel/Iran.html.

[76] Israeli Elections: Electoral History [EB/OL]. http://www.jewishvirtuallibrary.org/jsource/Politics/knessetelectionstoc.html.

后 记

曾经不断地构思本书的后记，可如今到了这一步却觉得难以下笔，三载岁月实在无法数言概之。

回想起 2012 年入学的那个夏季，至今都犹记得踏入中央党校的第一步，眼前是平静的校园和往来的学子。入学前父母亲友皆曾给予各种经验和忠告，我自身也很期待这一次所面临的试炼。我于 2010 年西北大学毕业后，继而在英国爱丁堡大学攻读了硕士学位，整个过程紧凑而又充实。然而必须承认的是，在攻读博士学位前，可以说我对学术并没有准确的概念，决定攻读博士学位更多的是对自己专业的追求和认可。

时至今日，党校的三年时光让我对学术和人生都有了极为重要的感悟。在我看来，博士生涯只是学术道路上的起点，学术也绝不等同于单纯的知识建构。若立志于学术，则选择了一种人生的状态，这种状态是专注、坚持和智慧等一切优秀的个人品质和天赋才能够支撑起来的。当然，攻读博士也并不意味着单一的学术之路，它所给予你的经验足以助你走得更广更远。这段征途里，我逐渐在浮躁下学会冷静，在仰望中懂得谦逊，在巨大的压力下更加坚韧。这些感悟，是通过其他众多途径都难以获取的财富，它们让我在面临未知时多了份信心和从容。所谓“知者不惑，仁者不忧，勇者不惧”，如今也略有领会了。

回顾这篇论文成形的整个过程，同样收获颇多。本书的写作是一个极为系统和严谨的工作，从选题到收集资料，从逻辑到结构等，每一处都需要一再斟酌，平时跨学科的积累和文字的功底此时也显得越发重要。更为关键的是，在整个过程中对持续扩充且无休止的新内容，你会不断地“否定”自己，再“重塑”自己，这一番打磨是身心的双重历练，其中艰辛不再多言，只有切身体会才得以理解。

我要感谢我的父母，他们优秀的品格一直提醒我日日自省，他们辛苦的付出则给予了我宝贵的求学机会，最终我才得以顺利达成人生的重要目标之一。同时，我的妻子宋舟和其他亲友们对我的支持及鼓励总能使我从苦恼和困扰中迅速振作起来，继续充满力量地前行。

在这里，我也要特别感谢我的导师张明教授。张老师入学以来帮助我扩宽了多个研究领域的视角，提升了我的专业素养。让我感受最深刻的还是他对工作的严谨和对生活的热情，耳濡目染，这些都深深地影响着我做人做事的方式和态度，使我在这三年中时时谨记思过而知进。本书从初始构思到最终定稿还要感谢中央党校的张琏瑰教授、郭建平研究员、马小军教授、赵伯英教授，中国社会科学院的李少军研究员，国际关系学院的刘跃进教授，他们对本书提出了诸多宝贵意见。

最后，必须感谢对我学业帮助颇多的同窗们，与你们曾同行求知，将是我一生珍藏的回忆。

立谈之间，自己的所有感慨以及感谢之人不能一一列举。博士生活即将落幕，我对过往万分不舍，对当下心怀感恩，对未来也充满期待。愿自己同身边所有人在今后的生活中一切顺利。

刘允中
2015 年 6 月